メルコ管理会計研究　第14号-Ⅱ　2023

Melco Journal of Management Accounting Research

JN126914

CONTENTS

『メルコ管理会計研究』への大学院生の論文投稿について

メルコ管理会計研究編集委員会

　『メルコ管理会計研究』には，「院生論文」という論文カテゴリーがあります。「院生論文」カテゴリーは，『メルコ管理会計研究』の査読制度の長所を活かしつつ，研究成果をスピーディに公表したいという大学院生のニーズに応えるべく設けたものです。投稿された論文は，厳正な査読にかけられたうえで原則として投稿受付日から3ヶ月以内に掲載の可否が決定されます。掲載が認められた論文については，掲載証明が発行されます。投稿は随時受けつけていますので，下記の要件を参照のうえ，委員長宛に院生論文と本文中に明記の上，原稿を送信してください。

(1)投稿資格　　日本の大学院に在学しているもの
　　　　　　　　投稿時に在学証明書（PDF）を添付すること
(2)投稿の言語　日本語
(3)応募原稿　　管理会計に関する単独著者による論文で，未公刊かつ他紙に投稿中でないものに限る。『メルコ管理会計研究』執筆要領にある「表紙」及び「論文」には論題の手前に「院生論文」と明記すること。
(4)掲載の可否　機関誌編集委員会の委嘱するレフェリーの審査にもとづき，機関誌編集委員会が決定する。原則として，1論文あたりのレフェリーは2人とし，審査はダブルブラインドで行う。掲載の可否は投稿受付日より3ヶ月以内に決定される。

著作権，原稿頁数等，原稿の校正，原稿受付期間，投稿方法は一般論文に準じる。

研究論文 ——————————————————————————————————— メルコ管理会計研究 14号-Ⅱ(2023) pp.3-18

管理会計導入プロセスにみる
管理会計知識の移転
当事者の吸収能力および普及能力に基づく知識共創プロセス

庵谷 治男*

要旨……本研究の目的は，管理会計導入プロセスの新たな分析視角を知識移転および知識創造から得られた知見に基づき提示することである。管理会計導入プロセスを管理会計の専門家と非専門家（当事者）による管理会計知識の共創プロセスと解釈し，当事者の吸収能力および普及能力が与える影響を検討している。結論を述べると，管理会計知識の共創プロセスは管理会計導入の当事者が吸収能力および普及能力を相互補完的に用い，知識変換を通じて互恵的に知識を移転するプロセスであるという分析視角を概念図で示した。本研究のインプリケーションとして，管理会計知識が複合的および社会的性質を帯びること，管理会計知識の共創が連続的な知識変換プロセスであること，管理会計変化の解明に管理会計知識の共創と当事者間の信頼関係との相互影響を考慮することが挙げられる。

キーワード……管理会計導入プロセス，管理会計知識の共創，知識移転，吸収能力，普及能力

1 はじめに

　本研究の目的は，管理会計導入プロセスの新たな分析視角を知識移転および知識創造から得られた知見に基づき提示することである。新たな管理会計を導入する組織では，必ずしも管理会計に精通した専門家＝利用者とは限らない。本稿では，管理会計導入プロセスを管理会計の専門家と非専門家（双方を当事者とみなす）による管理会計知識の共創プロセスと解釈し，その分析視角を理論的に示すことを目指す。

　管理会計の導入研究は活動基準原価計算もしくはバランスト・スコアカード（以下，BSC）に代表される「理論先行の管理会計システム」と，原価企画あるいはアメーバ経営に代表される「実務先行の管理会計システム」とに大別され，当初は導入の促進／阻害要因を中心に発展してきた（谷2004）。しかし，初期の議論の多くは管理会計システムの設計に関わる技術的側面が中心であり，導入プロセス自体の解明は不十分であった（梶原・窪田2004）。その後，管理会計導入プロセスの解明は社会学をはじめとした隣接諸学の理論を援用しながら進展することとなる。一例を挙げると，Englund and Gerdin (2008) は活動基準原価計算の導入研究を総括した上で，それまでの主流な研究 (mainstream research) に加え，組織内の政治的な視点を織り込んだ研究 (political research) が管理会計導入プロセスの解明の新たな手掛かりになると述べている。

　他方，欧州や豪州を中心に潮流となっている管理会計変化 (management accounting change) 研究は管理会計導入プロセスの解明とも密接に関わって

＊東洋大学経営学部会計ファイナンス学科
　〒112-8606　東京都文京区白山5-28-20
　E-mail: otani007@toyo.jp

いる（浅田 2009）。浅田は管理会計変化研究の動向を5つの範疇から紹介し❶，そのうちのひとつに管理会計の導入研究を挙げ「特定の会計的知識を実践へと具体化するプロセスを問う」（浅田 2009, 79）研究として位置づけている。すなわち，管理会計導入プロセスとは管理会計知識を実践へと具現化するプロセスと言い換えることができる。この点は，暗黙知と形式知の区分から4つの知識変換モード（いわゆるSECIモデル）を提示した知識創造理論（Nonaka and Takeuchi 1995）に議論の糸口をみることができる。よって，本稿では管理会計導入プロセスを新たな管理会計知識が創造され実践に移されるプロセスと捉えて議論していく。

　管理会計導入研究の主たる関心は，新たな管理会計導入がもたらす組織レベルでの変化プロセスの解明にある。導入プロセスの解釈にあたり，先行研究では主に制度論（institutional theory）ならびにアクターネットワーク理論（actor-network theory: 以下，ANT）といった社会学の知見を援用し，多様な社会的文脈（組織，文化，規制など）が複雑に交差する実態を切り取ってきたといえる。管理会計の導入では一連の手続き書といった人工物（artifacts）を介することも想定されるが，それはあくまでも補完的な役割であり，行為者が導入の中心的な役割を果たすケースがほとんどである。よって，行為者を介して管理会計知識が実践へと具現化されるとはどういうことか，この点の理解を深めることは管理会計導入研究に不可欠といえる。ところが，先行研究では管理会計導入に関わる行為者に目が向けられてきたものの，導入に関わる行為者の能力までも考慮した研究は乏しい。後述するように，制度論およびANTでは管理会計が導入される際の行為者の能力に十分な考察がなされてきたとは言い難い。

　そこで本研究では行為者の能力について，知識創造理論および知識移転研究からの知見を援用する。知識創造理論の根底には「戦略の本質は，知識の獲得，創造，蓄積，利用のための組織的能力を開発すること」（Nonaka and Takeuchi 1995, 邦訳110）がある。組織的能力とは行為者個人の能力だけでなく，集団としての組織の能力も含意する。また，知識移転研究に基づけば，当事者（行為者）の知識を表現し伝える能力（普及能力）および伝えられた知識を理解し行為化する能力（吸収能力）が個人ないし集団間での知識移転を促進する可能性がある。このように，管理会計導入プロセスにおける行為者の能力に着目することで，新たな分析視角を導出することが期待される。

　本稿の構成は以下の通りである。本節では本研究の目的と背景を既に述べた。次節では，主要な管理会計導入研究として制度論およびANTをベースとした研究を取り上げ，行為者の視点がどのように扱われてきたのかを批判的に論じる。第3節では本研究の中核となる管理会計知識の共創について検討する。第4節では知識移転研究から得られた知見を踏まえ，吸収能力および普及能力に着目する意義を説明する。第5節では知識創造理論をベースに分析視角を提示する。最終節では結論と課題を述べ，本研究を総括する。

2　管理会計導入研究における　行為者の視点

　管理会計導入研究は導入プロセスの解明を射程としており，制度論あるいはANTを援用した機能主義に代替される管理会計研究（Baxter and Chua 2003）を中心に展開されてきた。そこで，本節では制度論およびANTに基づく管理会計導入研究で行為者の視点がどのように扱われてきたのかを批判的に吟味し，管理会計導入に関わる行為者の能力に焦点を当てることの必要性を述べる。

---

❶浅田（2009）では「安定性研究」，「普及研究」，「導入研究」，「革新研究」，「影響研究」の5分類が示されている。

2.1 制度論

　制度論に基づく管理会計導入プロセスの解釈は，Burns and Scapens (2000) の理論的フレームワークを援用した研究が多く蓄積されている (庵谷 2013)。同フレームワークは管理会計をルール，管理会計実践をルーティンと概念規定した上で，管理会計実践を通じて再現される行為のルーティン化 (制度化) プロセスとして管理会計変化を説明している。同フレームワークは組織レベルの変化プロセス (ミクロなプロセス) を分析視角としていることから (浅田 2009; 庵谷 2013)，導入プロセスにおける行為者への関心はいわば必然といえる。たとえば，Soin et al. (2002) は活動基準原価計算の導入プロセスにおいて，プロジェクトチーム (研究者) とチェンジ・エージェント (コンサルタントおよび人的資源エンジニア) との相互関係が制度化にいかなる影響を与えたかを明らかにしている。また，Johansson and Baldvinsdottir (2003) は業績評価の導入プロセスにおいて，評価者 (トップ) あるいは会計担当者が会計情報に対する「信頼の担い手 (carriers of trust)」(チェンジ・エージェントに相当) となり，被評価者 (一般の従業員) からいかに信頼を得るかが業績評価の導入に影響を与えると結論づけている。さらに，Sharma et al.(2010) はTQMの導入プロセスにおいて，新旧の制度的対立(institutional contradictions) がチェンジ・エージェント (TQMチーム) を，既存ルーティンを修正し新規ルーティンを生み出す制度的アントレプレナー (institutional entrepreneurs) として行動するべく仕向けていることを発見している。

　管理会計導入プロセスにおけるチェンジ・エージェントは変化を生み出す行為者と解され，管理会計導入の推進者だけでなく，現場の管理会計実践者も対象となりうる。また，制度的アントレプレナーはチェンジ・エージェントの一形態であり，既存の制度に関わる資源にコミットしつつ，新規の制度の創造に同資源を適用するべく働きかける人 (行為者) と意味づけられる (Beckert 1999)。このように制度論をベースとした管理会計導入研究では変化を生み出す，あるいは新たな制度化をもたらす人間としての行為者に関心があったといえる。しかし，行為者の能力にまで言及した研究は乏しい。Coad and Cullen (2006) はケイパビリティや組織学習の概念を用いて，組織間コストマネジメントにおける進化プロセスを解明しようと試みているが，行為者がいかなる能力を有するべきかにまでは言及されていない。すなわち，既存研究は「変化を生み出す能力を一定程度有する」行為者を暗黙裡に前提としている可能性が高い。しかし，管理会計導入プロセスにおいて行為者の能力が導入に影響を与えることは十分に想定される。この点は制度論をベースとした管理会計導入研究の限界のひとつである。

2.2 アクターネットワーク理論❷

　制度論が行為者の行為を対象としてきたのに対し，ANTは人的／非人的アクター (行為者) を対等な関係として扱い，人的／非人的行為者同士が複雑に関係し合う様子を描き出そうとする研究方法論である (潮 2013)。ANTの特徴は人的行為者個人の意図を考慮するのではなく，主体と客体 (objects) が絡み合いながらありのままに変わりゆく姿を描くことに重点が置かれる (浅田 2012)。とりわけ客体としての会計数値は可動性 (mobility)，安定性 (stability)，統合性 (combinability) という性質を帯びた「銘刻 (inscription)」として，時間的・空間的隔たりを超えて存在する (Robson 1992)。管理会計の導入プロセスを通じてもたらされる会計の変化は，人的／非人的行為者による翻訳プロセスの軌跡をなぞることで記述されることになる (Robson 1991)。たとえば，Preston et al. (1992) は医療機関における予算導入前後のプロセスをANT

❷ANTは提唱者のブルーノ・ラトゥールにちなんで「ラトゥール学派」とも称されるが (Baxter and Chua 2003)，本稿ではアクターネットワーク理論 (ANT) で表記を統一する。

に基づいて記述し，予算という会計技法と社会的要素の相互作用から巧みに析出している。

行為者の視点からANTを用いた管理会計導入研究をみると，たとえばChristensen and Skærbæk (2010) は公共機関への発生主義会計の導入プロセスにおいてコンサルタント（行為者）の行動ならびに報告書がどのように会計システムの安定化をもたらすかを明らかにしている。とりわけ，コンサルタントによって作成された報告書，プロジェクトのセミナーないしブリーフィングを非人的行為者としてみなし，それらがどのようにして会計システムへの信頼をもたらすのか（これを浄化 (purification) と概念づける）を考察している。それに対し，Qu and Cooper (2011) はBSC導入プロセスにおいてコンサルタントが翻訳の媒介者 (mediators) となることを明示している。BSCの評価指標を作成する際に生じるコンサルタントと顧客との間のパワー関係にスポットを当て，異なる媒体（たとえば，ナレッジカフェなど）を通じて具体的に銘刻されるプロセスを解明している。

ANTでも制度論と同様に，行為者の視点は重要なファクターのひとつとして考慮されてきたが，行為者の能力はある程度所与とみなしている可能性が高い。たとえば，行為者の「翻訳」する能力までは深く言及されていない。ANTは現象をありのままの姿で描くことを基本理念としているものの，先行研究では管理会計変化に行為者の能力が与える影響を十分に考慮してきたとはいえないのである。以上のことから，管理会計導入プロセスでは行為者の能力に着目する必要性が示唆される。

3 管理会計知識の共創

知識を巡る解釈はその長い歴史のなかで哲学者を中心に多くの論戦が交わされてきた経緯があり，知識の定義はその基盤となる認識論によって異なる（戸田山 2002）。よって，本節では管理会計知識の定義を明示するのではなく，本稿で用いる管理会計知識の性質を明らかにし，知識創造理論の知見をベースに管理会計知識の共創について検討する。

管理会計知識 (management accounting knowledge) の性質に関する議論は，知識の認識論的側面を踏まえた浅田 (2020, 2021) にみられる。浅田 (2021) は管理会計知識を紐解く手掛かりとして利用場所と利用主体に着眼している。簡潔にいえば，組織内の会計担当者（会計専門家）および現場の管理者（非会計専門家）が業務のなかで各々目的に応じて管理会計知識を利用することが想定されている。Jönsson and Grönlund (1988) は工場の事例を通じて，会計システム (central system) は現場の行動と結果との因果関係が不明瞭な知識を提供する一方，現場システム (local system) は現場の行動ルールに基づいた知識を提供するため，双方の中間レベルで翻訳が行われていることを発見している。会計システムには管理会計知識が含まれるのに対し，現場システムには「現業知識 (operational knowledge)」ないし「現場知識 (local knowledge)」（浅田 2021, 47）が存在する。管理会計知識は会計担当者による分解あるいは現場の管理者による媒介を通じて，常に会計と現場とを行き交う流動的な性質を有し現業／現場知識との異種混合を繰り返す，まさに「複合的な性質」（浅田 2020, 41）であると指摘されている。

他方，知識創造および知識移転の流れを汲むナレッジ・マネジメントの分野では，知識は競争優位の源泉となりうるとの主張が一貫して展開されている。同分野の代表格であるNonaka and Takeuchi (1995, 邦訳 85) は知識を「正当化された真なる信念 (justified true belief)」と定義し，さらに「個人の信念が人間によって"真実"へと正当化されるダイナミックなプロセス」（原文ママ）とみなしている。加えて，直近の著書では「ある特定の状況や文脈において，他者や環境との相互作用を通じ，人々によって創造され，実践される，正当化された真なる信念」（Nonaka and Takeuchi 2019, 邦訳 105）と

再定義している。ここで注目したいのが，伝統的な認識論に基づく知識が個人の内にある絶対的で静的な信念を前提としていたのに対して，Nonakaらが示す定義には認識論の脱個人主義化・社会化の必要性（戸田山 2002）が含意されていることである。すなわち，知識とは個人に正当化された信念だけを指すのではなく，集団による社会化のプロセスを通じて正当化された信念をも包摂していると考えられる。

　この知識の社会化という性質（社会的性質）は特筆すべき点である。Perren and Grant（2000）は管理会計知識が個人ないし集団間での相互作用から生じる社会的プロセスによって構築されるとの見解を示している。管理会計導入プロセスでは，外部から新たに導入された管理会計知識は行為者（個人ないし集団）の行為を通じてルーティン化され，新たな管理会計知識として構築される（Perren and Grant 2000）と解釈できるのである。前述した浅田（2020, 2021）の知見と合わせると，管理会計知識には複合的および社会的性質が含意されていると考えることができる❸。

　知識創造理論の提唱者の一人である野中（1996）は「知識は専ら個人によって創始され，それが組織内で他者との相互作用を通じて増幅される」(81)とし，「知識変換は個人や集団の共創プロセス」(82)であると述べている。管理会計知識の複合的および社会的性質を踏まえると，管理会計導入プロセスは管理会計の専門家と非専門家による管理会計知識の共創（知識を共に創る）プロセスと言い換えられる。管理会計の専門家は会計を中心とした専門知識を，管理会計の非専門家は現業／現場知識をそれぞれ持ち寄り，相互に不足する知識を埋め合わせながら新たな管理会計知識を共創的に生み出すと想定される。管理会計導入プロセスでは当事者間の相互作用を通して各々が有する知識を互恵的に授受し，新たな管理会計知識が共創さ

れているといえる。次節では，管理会計知識の共創をもたらす行為者間の相互作用に着目し，管理会計導入の当事者（行為者）の能力が知識の移転に及ぼす影響について検討する。

4　知識移転における吸収能力および普及能力

　本節では知識移転研究で得られた知見に基づき，知識移転の双方向性について検討する。また，知識移転の吸収能力および普及能力に着目する意義について言及する。

4.1　知識移転の双方向性

　ナレッジ・マネジメントでは組織内部の知識を探索，共有（移転）し有効活用するという資源ベース理論の考えが根底にある。そのため，知識創造だけでなく知識移転は企業の競争優位の源泉となる（Argote and Ingram 2000）。しかし，知識は状況依存性という性格を有するため（金綱 2011），単に知識を移転すれば事足りるわけではない。本稿が対象とする管理会計導入プロセスにおいても，組織の文脈に応じて当事者間で新たな管理会計知識を共創することが想定される。

　知識移転に関して，Argote et al. (2000, 3) は組織内の知識移転を「あるユニット（例，グループ，部，事業部）が別のユニットの経験に影響を受けるプロセス」と定義している。また，Szulanski (2000, 10) は知識移転を「組織が新たな場で複雑かつ因果が曖昧なルーティンを再創造し維持するプロセス」と述べている。それに対して，中西 (2018, 15) は「送り手から受け手へある経路を経由して知識が移転され，受け手の成果に影響を及ぼすとともに，移転された知識が受け手のルーチンに統合されるプロセス」とし，知識の移転が経路依存的なプロセ

---

❸ ただし，管理会計知識の複合的および社会的性質は管理会計知識に固有なものかという点については議論の余地があり，別稿に譲ることとする。

スであることを明言している。

このように，知識移転は知識が移転元 (送り手) から移転先 (受け手) へと一方向的に転移されることを念頭に置く傾向がみられるが，必ずしも一方向的とは限らず互恵的な知識移転 (reciprocal knowledge transfer) もありうる (Bresman et al. 1999)。管理会計知識の複合的および社会的性質を踏まえると，管理会計導入に関わる当事者間の相互作用を通じて知識の授受が双方向的に行われている可能性が想定できる。管理会計の専門家が組織構成員 (非専門家) に対して一方的に管理会計知識を授けるのみではなく，非専門家もまた専門家に現業／現場知識を授けるのである。後者の一例として，導入準備段階の現場への聞き取りが挙げられる。両者による互恵的な知識移転というパラダイムが新たな管理会計知識の共創をもたらすと考えられる。そこで，本稿では同一の行為者が知識の送り手にも受け手にもなりうることを前提とし，知識移転の双方向性 (互恵性) を中心に据えて議論を進めていくこととする。次項では知識移転研究の知見に基づき知識移転に関わる行為者が送り手ならびに受け手となった場合にそれぞれ必要な能力を検討する。

4.2 吸収能力および普及能力

知識移転研究について本稿では，知識移転のプロセスを包括的に扱っている Szulanski (1996)，Gupta and Govindarajan (2000) および Minbaeva (2007) を中心に整理する。わけても，Szulanski (1996) は同分野で先駆的かつ最も影響力のある研究といってよい[4]。いずれの研究も共通して，知識の送り手と受け手の特性および双方の関係性を考慮した分析フレームワークを用いているため，本稿の想定する知識移転とも合致しているといえる。Szulanski (1996) は組織内の知識移転で生じる

阻害要因に着目し，移転を困難にさせる要因を「粘着性」(stickiness) という概念を用いて実証的に解明している[5]。粘着性は4つの特性から合わせて9つの構成要素を提示している。具体的には，①移転される知識の特性として因果の曖昧性 (causal ambiguity)，未証明性 (unproven)，②送り手の特性としてモチベーションの欠如，(受け手からの) 信頼の欠如，③受け手の特性としてモチベーションの欠如，吸収能力の欠如，保持能力の欠如，④移転が生じるコンテクストとして不毛なコンテクスト，(送り手と受け手の) こじれた関係を列挙している。検証の結果，移転を困難にさせる要因として吸収能力の欠如，因果の曖昧性，(送り手と受け手の) こじれた関係が，送り手もしくは受け手のモチベーションの欠如よりも強いことを発見し，従来の研究の主張と異なる結果を示している (若林・大木2009)。Szulanski (1996) の研究成果のうち行為者との関わりからみれば，受け手の吸収能力および知識移転の当事者間の関係性が重要なファクターとなりうることが読み取れる。

つづいて，Gupta and Govindarajan (2000) は多国籍企業における親子間での知識移転を研究対象とし，とりわけ送り手 (親会社) の知識アウトフローと受け手 (子会社) の知識インフローに焦点を絞った実証研究である。知識の送り手は知識ストックの価値，知識共有に対するモチベーション，移転伝達チャネルの充実度，他方で知識の受け手は移転伝達チャネルの充実度，知識獲得に対するモチベーション，知識の吸収能力が要素として設定されている。結果は，送り手のモチベーション以外はすべての仮説が支持された。すなわち，知識移転では送り手のモチベーションよりも，受け手のモチベーションや吸収能力の方が重視される傾向が示唆された。Gupta and Govindarajan (2000) の実証結果から，知識移転において受け手の吸収能力が改めて

---

[4] 2021年3月26日現在，Szulanski (1996) の被引用件数はScopusが4,566件，Google scholarが11,562件となっており，知識移転の分野では圧倒的な数を誇っている。

[5] Szulanski (1996) の詳解は若林・大木 (2009) を参照のこと。

重要であることが窺える。

　Szulanski (1996) および Gupta and Govindarajan (2000) の研究結果では，知識の受け手に関わる要素 (吸収能力) が重要視されていた。それに対して，送り手に関わる要素，すなわち普及能力 (disseminative capacity) にも目を向けた研究が Minbaeva (2007) である。Minbaeva は知識移転を①知識の特性，②受け手の特性 (吸収能力)，③送り手の特性 (普及能力)，④送り手と受け手の関係性という 4 つの要素から分析する。①知識の特性には暗黙性 (tacitness)，複雑性 (complexity)，非特定性 (non-specificity)，非利用可能性 (non-availability)，②受け手の特性 (吸収能力) には事前知識，努力度 (やる気の度合 (intensity of effort))，③送り手の特性 (普及能力) には知識共有の能力 (知識の表現力や伝達力)，モチベーション，④送り手と受け手の関係性には受け手によるネットワークへの参加度を構成要素として含めている。実証を通じて知識の特性は支持されなかった一方，受け手の特性 (吸収能力) および送り手と受け手の関係性は強く支持され，また送り手の特性 (普及能力) も若干ではあるが支持される結果となっている。Minbaeva (2007) の研究から得られる知見は，吸収能力の対概念として普及能力を採用することによって，受け手サイド (吸収能力) および送り手サイド (普及能力) の各々に求められる行為者の能力を明らかにしたことである。

　普及能力は Minbaeva (2007) でも触れられているように，送り手が受け手に知識を伝える際の表現の創意工夫や専門家が非専門家に知識を分かりやすく伝えるための翻訳力などが想定される。とりわけ，管理会計を外部から導入する場合は，公認会計士といった専門家による翻訳が重要な役割を果たす (Perren and Grant 2000)。対して，吸収能力は組織学習の分野でこれまでも概念定義について議論されてきたため，主要な研究から得られた知見を簡潔にみていく。

　吸収能力 (absorptive capacity) は Cohen and Levinthal (1990) によって提唱された概念であり，「新しい情報価値を認識，吸収・同化し，商業目的に適応するための能力」(Cohen and Levinthal 1990, 128) と定義される。また，「事前知識が新しい知識の吸収と深化をもたらす」(Cohen and Levinthal 1990, 135) とされ，移転される知識に関連した事前知識 (prior knowledge) を受け手がどの程度保有しているかが重要と考えられている。それに対して，Zahra and George (2002) は吸収能力の再概念化を試み，潜在的 (potential) 吸収能力と顕在的 (realized) 吸収能力という下位概念を導出している。潜在的吸収能力は知識の獲得 (acquisition) および吸収・同化 (assimilation)，顕在的吸収能力は変換 (transformation) および深化 (exploitation) という構成要素から成るとされる。このように受け手の吸収能力は，知識の獲得・吸収から受け手の文脈に即して知識を変換・深化させる能力までを含意した包括的な概念であると理解できる。新たな管理会計が有効に機能するには吸収能力を高める必要があり (Fayard et al. 2012)，新旧の管理会計システムの同化にも吸収能力が影響を与える (Elbashir et al. 2011)。よって，潜在的および顕在的吸収能力の双方に留意する必要がある。

　しかし，吸収能力を高めるとされる事前知識には負の側面もある。関連した事前知識にばかり囚われると，組織は新たな知識の探索に消極的となり「競争力の罠 (competency trap)」に陥る可能性が指摘されている (Levinthal 1992; Van den Bosch et al. 1999)。端的にいえば，事前知識がその他の潜在的な知識探索の機会を阻害する可能性がある。管理会計導入を念頭に置けば，管理会計の専門家と非専門家の各々が事前知識に縛られ，より組織に適した管理会計知識の共創を妨げる可能性が示唆される。だが現実的には，管理会計知識の共創プロセスであらゆる知識探索の機会を考慮することは困難である。よって，本稿では，当事者間で互恵的に移転される知識をベースに，ある限定的な範囲で新たな管理会計知識が共創されるとの立場をとる。

5 管理会計知識の
共創プロセスに対する分析視角

これまで述べてきたように，管理会計知識は複合的および社会的性質を帯び，管理会計導入は当事者が管理会計知識を共創するプロセスといえる。また，管理会計知識の共創プロセスでは管理会計の専門家と非専門家による互恵的な知識移転が想定され，個々人の吸収能力および普及能力の両側面が知識移転に影響を与えると考えられる。本節では，知識創造理論の知識変換モードにおける吸収能力および普及能力の作用について述べ，管理会計知識の共創プロセスに対する分析視角を検討する。

5.1 知識創造理論における吸収能力および
普及能力

知識創造理論を提唱したNonaka and Takeuchi (1995) は知識を形式知と暗黙知に区分し，4つの知識変換モードを構築した。具体的な構成要素は①共同化 (Socialization)（暗黙知→暗黙知），②表出化 (Externalization)(暗黙知→形式知), ③連結化 (Combination) (形式知→形式知)，④内面化 (Internalization)（形式知→暗黙知) であり，頭文字をとってSECIモデルと称される。各要素を簡潔に説明すると次の通りである。①共同化は送り手と受け手の間で，言語化を伴うことなく臨場感をもって経験を共有することである (Nonaka and Takeuchi 1995, 邦訳92-95)。②表出化は送り手の行為や現場で実際に起こっている現象を想像力を駆使してメタファーなどの表現で言語化することである (Nonaka and Takeuchi 1995, 邦訳95-100)。③連結化は送り手の形式知と受け手の形式知を組み合わせて，新たな形式知を生み出すことである (Nonaka and Takeuchi 1995, 邦訳100-102)。④内面化は送り手が保有する知識をマニュアルおよび書籍などの文書や，口頭による指導といった言語化を通じて実際に行為に移させて受け手に追体験させることである (Nonaka and Takeuchi 1995,

邦訳102-105)。

各知識変換モードにみられるプロセスは野中 (1996) で図表1のように整理されている。4つの知識変換モードが連続的に展開されることで，知識は動態的に創造されることが見て取れる。なお，知識創造理論を管理会計変化研究に援用した浅田ほか (2013) では，既に管理会計知識の創造プロセスの分析視角にSECIモデルが有用であることが確認されている。また，野中 (1996) は知識変換のリーダーシップとしてミドル・アップ・ダウンの重要性を説き，図表1にみられる知識創造プロセスはミドル・マネジャーが主導するとしている。対して，管理会計導入プロセスでは管理会計知識の共創を当事者が各々の役割に応じて行っていると想定されるため，ミドル・マネジャーに限定することは必ずしも適切ではない。そこで，本稿では図表1にみられる知識変換プロセスが広く管理会計導入の当事者間で生じるという前提を置くこととする。ここで当事者とは管理会計の専門家と非専門家を指し，各々が知識変換モードの状況に応じて吸収能力および普及能力を使い分けていると考えられる (図表1の最右列)。

図表1に基づき，各知識変換モードと主たる能力との関係について説明する。前節で述べたように，吸収能力は知識を獲得，同化，変換，深化させる能力，普及能力は知識を表現，伝達する能力を主に指す。なお，知識を翻訳する能力はその目的に応じて吸収能力もしくは普及能力に区分可能である。すなわち，知識を獲得し自分のものにするために受け手側が翻訳する場合は吸収能力，自らの知識を分かりやすく伝えるために送り手側が翻訳する場合は普及能力とみなすことができる。

共同化の(1)(2)暗黙知の獲得および(3)暗黙知の蓄積は吸収能力に相当する。暗黙知の蓄積は「自己の内部に関係づけ」ることから知識の同化と言い換えることができる。共同化の(4)暗黙知の伝授・転移は自らのイメージを伝えるため普及能力といえる。表出化の(5)暗黙知の表出は自らのアイ

図表1　知識変換モードにみられるプロセス

モード	項目	プロセスの内容	主たる能力
共同化	(1)社外の歩き回りによる暗黙知の獲得	サプライヤーや顧客との共通体験を通じて，身体的に情報を集める	吸収
	(2)社内の歩き回りによる暗黙知の獲得	販売や製造の現場，社内各部門に出向いて，対話や観察を通じて情報を収集する	吸収
	(3)暗黙知の蓄積	獲得した情報や知識を自己の内部に関係づけながら貯めておく	吸収
	(4)暗黙知の伝授・転移	言葉になっていない自分の考えやイメージを，同僚や部下，サプライヤーなどと共有する	普及
表出化	(5)自己内の暗黙知の表出	言葉になっていない自分のアイデアをメタファーや対話を通じて目に見える形にする	普及
	(6)暗黙知から形式知への置換・翻訳	顧客や専門家などの暗黙知を，理解しやすい形に「翻訳」する	吸収
連結化	(7)新しい形式知の獲得と統合	形式知化された知識，または公表データ等を内外から収集して結びつける	吸収
	(8)形式知の伝達・普及	プレゼンテーションや会議などの，形式知を形式知のまま伝達・普及する	普及
	(9)形式知の編集	形式知を利用可能な特定の形態（ドキュメントなど）に編集する	普及／吸収
内面化	(10)経験を通じた形式知の体化	戦略やビジョンなどを現場業務レベルに定着させるために，OJT的に個人に体得させる	吸収
	(11)シミュレーションや実験による形式知の体化	仮想的な状態の中で，新しい戦略やコンセプトを実験的に体験・学習する	吸収

出典：野中（1996, 82）に基づき一部筆者加筆修正

デアを形式知へ変換（異なる表現に翻訳）することを指し，知識の伝達前ではあるが形式知化によって他者への伝達可能性が高まるため潜在的に普及能力に関連していると本稿では解釈する。表出化の(6)暗黙知の翻訳は他者から暗黙知を受け取る側が自ら翻訳することを意味するため吸収能力に該当する。連結化の(7)形式知の獲得と統合は知識の獲得・同化プロセスにあたるため吸収能力である。連結化の(8)形式知の伝達・普及は文字通り普及能力に相当するが，(9)形式知の編集は形式知の利用目的によって吸収能力ないし普及能力に識別される。形式知のドキュメント化は吸収・同化に役立つだけでなく，伝達の利便性も向上するからである。内面化の(10)(11)形式知の体化は受け手側が実体験を通じて知識を自分のものに吸収・同化していくことから吸収能力が当てはまる。

　以上のことから，知識変換モードでは知識の吸収と普及が交錯しながら知識創造をもたらしていることが分かる。言い換えれば，知識創造プロセスでは当事者が吸収能力と普及能力を相互補完的に用いることで知識変換を促進しているともいえ

る。Nonaka and Takeuchi（1995）では知識移転に関わる当事者の吸収能力および普及能力にまで言及されておらず，この点は本稿独自の視点といえる。

5.2 管理会計知識の共創プロセスに対する分析視角

　前項で明らかにした知識創造理論における吸収能力および普及能力の視点は，管理会計導入における管理会計知識の共創プロセスに対する新たな分析視角となる。管理会計導入の文脈に置き換えると，管理会計の専門家および非専門家（当事者）は各々の有する知識（管理会計に関する知識および現業／現場知識）を各知識変換モードを通じて互恵的に移転し，吸収能力および普及能力を相互補完的に用いながら導入組織に適合する管理会計知識を新たに共創すると考えられる。なお，知識変換モードの内面化には知識を実践に移すことが含意されている（Nonaka and Takeuchi 1995）。したがって，管理会計知識の共創プロセスには新たな知識の創造だけでなく実践も含まれる。以上を踏まえ，図表2は管理会計知識の共創プロセスを概念図化し

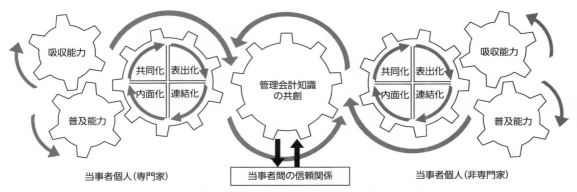

図表2　管理会計知識の共創プロセスに関する概念図

たものである。管理会計導入における当事者個々人の吸収能力および普及能力の歯車が知識変換モードの歯車の原動力となり，互恵的な知識移転を通じて図の中央にある管理会計知識の共創の歯車を回す。管理会計知識の共創は歯車の回転とともに増幅し，個人の知識変換の歯車をさらに駆動させる。当事者間の信頼関係と管理会計知識の共創とは相互に影響し合う可能性があり，この点は本項の後半で改めて説明を加える。

　図表2では当事者個々人が知識変換に関与することが図示されているが，すべてのケースで当事者が知識変換モードを網羅的に遂行するとは言い切れない。たとえば，管理会計の専門家のなかでも外部のコンサルタントあるいは公認会計士は非専門家から現業／現場知識を吸収するが，必ずしも自ら現場／現業知識を実践する暗黙知化（内面化）にまで着手するとは限らない。その場合，管理会計の専門家は共同化，表出化，連結化を通じて，自らの管理会計の知識を非専門家に伝えるとともに，非専門家から現業／現場知識を吸収し新たな管理会計知識の創造につなげるといえる。他方，管理会計の非専門家は共同化，表出化，連結化を通じて，自らの現業／現場知識を専門家に伝えるとともに，専門家から共同化，表出化，連結化，内面化を通じて管理会計の知識を吸収し新たな管理会計知識の創造と実践に関与する。一例としてBSCの導入を念頭に置くと，BSCの専門家が有

する知識と非専門家の現業／現場知識が互恵的に移転され知識変換モードのなかで相互作用し，導入組織の目的に合わせてアレンジされたBSC（たとえば，キリンのKISMAPなど）が新たな管理会計知識として共創されると解釈できる。

　では，新たな管理会計知識の共創はいつ，どこで生じるのであろうか。それは知識変換の連続的なプロセスのいずれかのタイミングで生じうると考えられる。ある特定の知識変換モードでのみ発生するという性質ではなく，当事者間の連続的な知識変換プロセスのなかで育まれる性質といえる。この点は，管理会計知識の複合的および社会的性質とも符合する。管理会計導入＝新たな管理会計知識の創造という静態的視点ではなく，管理会計導入プロセスの連続的な知識変換のなかで生じる動態的視点でもって解釈することの必要性が示唆される。さらに，当事者の吸収能力および普及能力が知識変換モードにおける暗黙知および形式知の獲得，同化，変換，深化，表現，伝達というプロセスに影響を与え，双方の能力が相互補完的に用いられることで連続的な動態性が維持されると考えられる。すなわち，管理会計知識の共創プロセスとは，当事者の吸収能力および普及能力を原動力に互恵的な知識移転に組み込まれた連続的な知識変換プロセスと言い換えることができる。

　最後に，管理会計知識の共創プロセスで生じる障壁（barriers）についても目を向ける必要がある。

その最たる例は新たに獲得した知識と従来から存在する知識との対立である。たとえば前節で述べたように，吸収能力が不十分な場合，移転された知識と成果との関係が曖昧な場合，当事者間の関係性がこじれている場合は移転の障壁が強まるという (Szulanski 1996)。これらの障壁を少しでも緩和するために経営陣などのサポートが有用である (Englund and Gerdin 2008) との示唆もある。一方で，当事者間の関係性が知識移転に影響を与える (Szulanski 1996; Minbaeva 2007) との指摘を踏まえると，当事者間の信頼関係が新たな切り口となりうる。

Johansson and Baldvinsdottir (2003) は組織に信頼をもたらす「信頼の担い手」の貢献が管理会計ルーティンの変化には必要不可欠であると指摘している。管理会計知識の共創プロセスにおいては管理会計の専門家および非専門家の双方が知識の送り手にも受け手にもなることから，良好な関係を築くためにも当事者間の信頼関係構築が鍵となりうる。他方，Busco et al. (2006) は管理会計と信頼との因果関係について，管理会計に対する信頼が管理会計実践を正当化する視点だけでなく，管理会計実践が管理会計に対する信頼を醸成する視点にも目を向けるべきと指摘する。たとえば，導入組織の当事者は新たな管理会計に関する知識を吸収・同化することに不安 (学習不安) を抱き，ややもすると導入推進者に対して疑心暗鬼となりがちである。Busco et al. (2006) によると，行為者は管理会計を行為化し生産と再生産を繰り返しルーティン化するプロセスで，自らの行動の予測可能性が高まり，行為 (新たな管理会計実践) に対して信頼を抱くようになるという。いわゆる成功体験を積み重ねることによって受け手は新たな管理会計実践に対する信頼が増し，延いては送り手に対する信頼が形成されていくと考えられる。

図表 2 では当事者間の信頼関係から管理会計知識の共創への上向き矢印とその逆の下向き矢印がある。前者は信頼関係が管理会計知識の共創に影響を与える側面 (たとえば，信頼関係がもつれた場合は知識の共創にも負の影響) を示しているのに対し，後者は管理会計知識の共創が信頼関係に影響を与えることを意味し 2 つの視点から解釈を示すことができる。ひとつは，管理会計知識の共創プロセスで展開される管理会計実践が当事者 (行為者) の管理会計に対する信頼を形成しながら，当事者間の信頼関係を構築する可能性である。連続的な知識変換プロセスのなかで非専門家が新たな管理会計知識を実践に移し，その行為が繰り返されることで新たな管理会計知識への信頼が育まれるという Busco et al. (2006) を踏まえた視点である。いまひとつは，当事者間の互恵的な知識移転を通じた相互理解が信頼形成を促進する可能性である。管理会計知識の共創プロセスは当事者同士が知識 (管理会計の知識および現業／現場知識) を相互に突き合わせることで互いを理解し合うプロセスに他ならない。相互作用のプロセスが当事者間で信頼を深める契機となりうるという視点である。

6　おわりに

本研究の目的は，管理会計導入プロセスの新たな分析視角を知識移転および知識創造から得られた知見に基づき提示することであった。それに対して，本研究の結論は管理会計導入の当事者 (管理会計の専門家および非専門家) が吸収能力および普及能力を相互補完的に用い，管理会計知識を共創するプロセスとして新たな分析視角を示した。本研究から得られるインプリケーションは次の通りである。

第一に，管理会計知識を複合的および社会的性質として概念化し，管理会計知識が管理会計の専門家ならびに非専門家によって共創される点を理論的に示したことである。管理会計知識に関して，浅田 (2020, 2021) では現業／現場知識との複合的性質に着眼点があった。それに対して，本稿では

さらにPerren and Grant (2000) が指摘する個人ないし集団間の相互作用から生まれる社会的性質を加えることで，管理会計知識が個人ないし集団間で共創されるという着想を得た。これにより，管理会計導入における当事者間の相互作用が管理会計知識を共創するという分析視角をもたらした。

第二に，管理会計知識の共創は当事者各個人の吸収能力および普及能力を原動力とした連続的な知識変換プロセスである点を提示したことである。Nonaka and Takeuchi (1995) および野中 (1996) は個人ないし集団による知識変換が知識創造の動態的プロセスを生み出すことは既に指摘しているが，その原動力となる個人の吸収能力および普及能力にまでは言及されていない。また，Minbaeva (2007) は知識移転に吸収能力と普及能力の視点を採用したものの，両能力の相互補完的利用という観点までは考慮されていない。本稿では，当事者各個人の吸収能力および普及能力の相互補完的利用が知識変換モードに影響を与えることを述べた上で，管理会計知識の共創を促進するドライバーとして概念図に可視化した。これによって，従来は暗黙の前提とされていた当事者 (行為者) の能力を分析視角に含めることが可能となり，行為者視点に基づく管理会計導入プロセスの解明への道筋を切り開いた。あくまでも推測の域を出ないが，新旧管理会計の対立について制度 (自明視された価値前提) の違いからの説明だけでなく，当事者の吸収能力および普及能力が十分に発揮されず知識移転に支障をきたし，新たな管理会計知識の共創を阻んでいるという視座からも解釈可能かもしれない。知識創造理論を管理会計変化研究に援用した浅田ほか (2013) も個人の有する吸収能力および普及能力までを含めた分析には着手しておらず，管理会計変化を解明する新たな手掛かりとなる可能性がある。

第三に，管理会計知識の共創と当事者間の信頼関係が相互に影響し合う点を示したことである。管理会計導入では障壁が生じることが少なくなく，新旧の知識ないしルーティンの対立が生じうる。知識移転研究では，当事者間の関係性が影響を及ぼすことが既に指摘されている (Szulanski 1996; Minbaeva 2007)。それに対して，Busco et al. (2006) は管理会計実践 (繰り返しの行為化) が行為者に管理会計に対する信頼をもたらす可能性を示唆している。管理会計知識の共創プロセスでは，管理会計実践が当事者間の信頼関係に影響を与える視点および互恵的な知識移転が相互理解を促し当事者間の信頼関係に影響を与える視点を各々示した。本稿の概念図では当事者間の信頼関係が管理会計知識の共創に影響を与えるだけでなくその逆の可能性も包摂することで，管理会計変化における当事者間の信頼関係の影響を管理会計知識の共創との関係性から分析する視点をもたらしている。

最後に，本研究の課題を3点述べる。第一に，本研究は分析視角を理論的に示したにすぎず，今後経験的材料による検証が俟たれる。とりわけ，本稿では十分に議論できなかった管理会計知識の移転プロセスに固有の吸収能力および普及能力について考察していくことが望ましい。第二に，本稿では知識移転プロセスで新たな知識が共創されるという前提に立ったため，そもそも正確な知識の複製を度外視している。しかし，フランチャイズ・チェーンのような店舗間で同質的な経営管理の仕組みを展開する場合，知識移転研究では正確な知識の複製がパフォーマンスに影響を与えるという (Winter et al. 2012)。よって，移転された知識の正確な複製がどのような状況で求められるのかについてもさらに検討していく必要がある。第三に信頼関係という概念は経営学，社会学，心理学をはじめ隣接諸学での研究蓄積があるものの本稿では十分に反映できておらず，概念の精緻化が求められる。以上の課題については今後の研究で明らかにしていく。

謝辞

本稿では複数のレフリーより貴重なコメントを

多数頂きました。この場を借りて厚く御礼申し上げます。ただし，本文に関わる一切の文責は筆者に帰すことを申し添えます。

付記

本研究は公益財団法人牧誠財団（旧財団法人メルコ学術振興財団）2018年度第一次研究助成（研究2018002号）およびJSPS科研費（JP16K03991, JP22K01794）の助成を受けた研究成果の一部である。

参考文献

浅田拓史. 2009.「管理会計変化研究の動向」『メルコ管理会計研究』2（1）: 77-85.

浅田拓史. 2012.「管理会計変化研究の対象の概念規定に関する考察――その曖昧性と多様性について――」『原価計算研究』36（1）: 154-163.

浅田拓史. 2020.「自律創造型コントロールと会計担当者の役割――コマツの事例から学ぶ――」『管理会計学』28（2）: 37-51.

浅田拓史. 2021.「管理会計の知識と実践の変化を理解する」『會計』200（6）: 44-57.

浅田拓史・吉川晃史・上總康行. 2013.「日本電産株式会社の経営改革と管理会計――知識創造理論の視点から――」『管理会計学』21（2）: 41-60.

潮清孝. 2013.『アメーバ経営の管理会計システム』中央経済社.

庵谷治男. 2013.「制度論的パースペクティブに基づく管理会計研究の可能性」『早稲田商学』438: 473-506.

梶原武久・窪田祐一. 2004.「理論先行の管理会計システムの導入研究のレビュー」谷武幸編. 2004.『成功する管理会計システム――導入とその進化――』中央経済社: 26-47.

金綱基志. 2011.「知識の状況依存性と海外移転の課題」『アジア経営研究』17: 169-180.

谷武幸編. 2004.『成功する管理会計システム――導入とその進化――』中央経済社.

戸田山和久. 2002.『知識の哲学』産業図書.

中西善信. 2018.『知識移転のダイナミズム――実践コミュニティは国境を越えて――』白桃書房.

野中郁次郎. 1996.「知識創造理論の現状と展望」『組織科学』29（4）: 76-85.

若林隆久・大木清弘. 2009.「知識の移転：粘着性の測定――経営学論講 Szulanski（1996）――」『赤門マネジメント・レビュー』8（4）: 169-179.

Argote, L. and P. Ingram. 2000. Knowledge Transfer: A Basis for Competitive Advantage in Firms. *Organizational Behavior and Human Decision Processes* 82(1): 150-169.

Argote, L., P. Ingram., J. M. Levine. and R. L. Moreland. 2000. Knowledge Transfer in Organizations: Learning from the Experience of Others. *Organizational Behavior and Human Decision Processes* 82(1): 1-8.

Baxter, J. and W. F. Chua. 2003. Alternative Management Accounting Research: Whence and Whither. *Accounting, Organizations and Society* 28(2/3): 97-126.

Beckert, J. 1999. Agency, Entrepreneurs, and Institutional Change. The Role of Strategic Choice and Institutionalized Practices in Organizations. *Organization Studies* 20(5): 777-700.

Bresman, H., J. Birkinshaw and R. Nobel. 1999. Knowledge Transfer in International Acquisitions. *Journal of International Business Studies* 30: 439-462.

Burns, J. and R. W. Scapens. 2000. Conceptualizing Management Accounting Change: An Institutional Framework. *Management Accounting Research* 11(1): 3-25.

Busco, C., A. Riccaboni and R. W. Scapens. 2006. Trust for Accounting and Accounting for Trust. *Management Accounting Research* 17(1): 11-41.

Christensen M. and P. Skærbæk. 2010. Consultancy Outputs and the Purification of Accounting

Technologies. *Accounting, Organizations and Society* 35(5): 524–545.

Coad, A. F. and J. Cullen. 2006. Inter-organisational Cost Management: Towards an Evolutionary Perspective. *Management Accounting Research* 17(4): 342–369.

Cohen, W. M. and D. A. Levinthal. 1990. Absorptive Capacity: A New Perspective on Learning and Innovation. *Administrative Science Quarterly* 35(1): 128–152.

Elbashir, M. Z., P. A. Collier and S. G. Sutton. 2011. The Role of Organizational Absorptive Capacity in Strategic Use of Business Intelligence to Support Integrated Management Control Systems. *The Accounting Review* 86(1): 155–184.

Englund, H. and J. Gerdin. 2008. Transferring Knowledge across Sub-genres of the ABC Implementation Literature. *Management Accounting Research* 19(2): 149–162.

Fayard, D. L. S. Leeb., R. A. Leitchc and W. J. Kettinger. 2012. Effect of Internal Cost Management, Information Systems Integration, and Absorptive Capacity on Inter-organizational Cost Management in Supply Chains. *Accounting, Organizations and Society* 37(3): 168–187.

Gupta, A. K. and V. Govindarajan. 2000. Knowledge Flows within Multinational Corporations. *Strategic Management Journal* 21(4): 473–496.

Johansson, I. and G. Baldvinsdottir. 2003. Accounting for Trust: Some Empirical Evidence. *Management Accounting Research* 14(3): 219–234.

Jönsson, S. and A. Grönlund. 1988. Life with a Sub-contractor: New Technology and Management Accounting. *Accounting, Organizations and Society* 13(5): 512–532.

Levinthal D. 1992. Surviving Schumpeterian Environments: An Evolutionary Perspective. *Industrial and Corporate Change* 1(3): 427–443.

Minbaeva, D. B. 2007. Knowledge Transfer in Multinational Corporations. *Management International Review* 47: 567–593.

Nonaka, I. and H. Takeuchi. 1995. *The Knowledge-Creating Company: How Japanese Companies Create the Dynamics of Innovation*. Oxford: Oxford University Press. 梅本勝博訳. 1996.『知識創造企業』東洋経済新報社.

Nonaka, I. and H. Takeuchi. 2019. *The Wise Company*. Oxford: Oxford University Press. 黒輪篤嗣訳. 2019.『ワイズカンパニー――知識創造から知識実践への新しいモデル――』東洋経済新報社.

Perren, L. and P. Grant. 2000. The Evolution of Management Accounting Routines in Small Businesses: A Social Construction Perspective. *Management Accounting Research* 11(4): 391–411.

Preston, A. M. and D. J. Cooper and R. W. Coombs. 1992. Fabricating Budgets: A Study of the Production of Management Budgeting in the National Health Service. *Accounting, Organizations and Society* 17(6): 561–593.

Qu, S. Q. and D. J. Cooper. 2011. The Role of Inscriptions in Producing a Balanced Scorecard. *Accounting, Organizations and Society* 36(6): 344–362.

Robson, K. 1991. On the Arenas of Accounting Change: The Process of Translation. *Accounting, Organizations and Society* 16(5/6): 547–570.

Robson, K. 1992. Accounting Numbers as "Inscription": Action at a Distance and the Development of Accounting. *Accounting, Organizations and Society* 17(7): 685–708.

Sharma, U., S. Lawrence and A. Lowe. 2010. Institutional Contradiction and Management Control Innovation: A Field Study of Total Quality Management Practices in a Privatized Telecommunication Company. *Management Accounting Research* 21(4): 251–264.

Soin, K., W. Seal. and J. Cullen. 2002. ABC and Organizational Change: An Institutional Perspective. *Management Accounting Research* 13(2): 249–271.

Szulanski, G. 1996. Exploring Internal Stickiness: Impediments to the Transfer of Best Practice within the Firm. *Strategic Management Journal* 17: 27–43.

Szulanski, G. 2000. The Process of Knowledge Transfer: A Diachronic Analysis of Stickiness. *Organizational Behavior and Human Decision*

Processes 82(1): 9–27.

Van den Bosch, F. A. J., H. W. Volberda and M. de Boer. 1999. Coevolution of Firm Absorptive Capacity and Knowledge Environment: Organizational Forms and Combinative Capabilities. *Organization Science* 10(5): 551–568.

Winter, S. G., G. Szulanski, D. Ringov, and R. J. Jensen. 2012. Reproducing Knowledge: Inaccurate Replication and Failure in Franchise Organizations. *Organization Science* 23(3): 672–685.

Zahra, S. A. and G. George. 2002. Absorptive Capacity: A Review, Reconceptualization, and Extension. *Academy of Management Review* 27(2): 185–203.

Melco Journal of Management Accounting Research Volume 14 Issue 2 (2023) pp. 3–18

Transfer of Management Accounting Knowledge in the Adoption Process of Management Accounting

The Process of Knowledge Cocreation Based on Agents' Absorptive Capacity and Disseminative Capacity

Haruo OTANI

Department of Accounting and Finance, Faculty of Business Administration, Toyo University

Abstract: The purpose of this study is to provide a new analytical view point based on knowledge transfer and knowledge creation. The adoption process of management accounting is considered as the process of cocreation of management accounting knowledge. The paper discusses how management accounting experts and nonexperts (agents) influences its process with using absorptive capacity and disseminative capacity. In conclusion, the process of management accounting knowledge cocreation presents that participative agents complementally use not only absorptive capacity but also disseminative capacity, then reciprocally transfer knowledge each other through knowledge conversion. This study finally provides the figure of concept showing an analytical view. There are three implications including that management accounting knowledge has the composite and social characteristics, the cocreation of management accounting knowledge is considered as the continuous process of knowledge conversion, and both cocreation of management accounting knowledge and trust relationship between agents may influence exploration of management accounting change.

Keyword: adoption process of management accounting, cocreation of management accounting knowledge, knowledge transfer, absorptive capacity, disseminative capacity

境界連結者の行動が
組織間管理会計に与える影響
静的・動的視点によるレビュー

井上　慶太*

要旨……本稿の目的は，境界連結者の行動やその特性に注目して組織間管理会計研究の現状と展望を明らかにすることである。レビューの結果，これまで組織間管理会計の利用の局面を中心に境界連結者の行動による影響が静的・動的視点で議論されてきたこと，また，境界連結者を取り巻くミクロ環境に関して，境界連結者としての能力向上の機会，情報システムの整備が議論されてきたことが明らかになった。これらの結果を踏まえて，本稿は，今後の研究方向性として，境界連結者の行動が組織間管理会計の設計，利用の様々な局面でどのような影響を与えるのかをさらに検討すること，およびミクロ環境については，先行研究で検討されてきたもの以外に，関係の発展度もあわせて考えることが有効であると指摘した。これらの方向性に取り組むことは，他企業との関係の運営を担うマネジャーが組織間管理会計にどのようにかかわっているのかという近年提起されてきた問いに対する理解の深化へとつながるものだといえる。

キーワード……組織間管理会計，境界連結者，協働，管理システムの設計と利用，文献研究

1　はじめに

今日のビジネスでは他組織との協働を通して単一の組織では困難な大きい成果を実現することが求められており，組織間関係を円滑に遂行するための方策が考えられている。管理会計研究では，他企業との協働を促すための会計やコントロールを対象とする組織間管理会計が重要な研究分野として注目されている (Caglio and Ditillo 2008; Dekker 2016; 窪田ほか 2010)。また，組織間管理会計は様々な要因によって影響を受けており，その解明が進められている。このうち組織間関係では取引状況への適応や相手企業との調整が問題となることから，組織間管理会計が取引や相手企業の特徴 (資産特殊性，不確実性，取引規模，交渉力など) からどの

ような影響を受けるのかについて従来の研究では議論されることが多かった (Caglio and Ditillo 2008; 坂口・河合 2011)。一方，取引を進めるうえで担当者個人の行動もまた，組織間管理会計に影響を及ぼしていると考えられる。

自社と相手企業を結びつけるのが，境界連結者 (boundary spanner) である。組織の境界に位置することから，彼らには組織間関係における調整の担い手としての行動が期待されている。第2節でも詳しく見るように，境界連結者について比較的早くから議論されてきたマネジメントなどの研究で，境界連結者は共通の目的に向けて相手企業とのコミュニケーションを高めること，および合意形成を促すことが求められており，これら2つの行動が組織間関係の運営において重要だと考えられてきた (Aldrich and Herker 1977; Zhang et al. 2011, 2015; 山倉 1993)。

隣接分野の議論を受けて，管理会計研究でも自

＊東京経済大学経営学部
　〒185-8502　東京都国分寺市南町 1-7-34
　E-mail: keita_i@tku.ac.jp

社と他企業の協働を通して行われる組織間管理会計を解明するうえで境界連結者の行動に注目する必要があると論じられている (Dekker 2016)。ただし、境界連結者は自身が有する地位や権限、専門的なスキルなどを背景として行動しており、彼らの行動が組織間管理会計のあり方にも様々な影響を及ぼすと考えられる。しかし、境界連結者の行動が組織間管理会計に与える影響について先行研究で何が明らかになっており、またどのような課題があるのかに関しては、十分な理解が共有されていない。これまでの議論の到達点を整理することで、他企業との関係の運営を担うマネジャーが組織間管理会計にどのようにかかわっているのかという近年提起されてきた問い (Dekker 2016) に対して将来我々が知見を獲得するための手がかりが得られると期待できる。そこで本稿では、先行研究で主に対象とされてきたバイヤー・サプライヤー、アウトソーシングの関係を想定し、境界連結者の行動やその特性に注目した文献研究を通して組織間管理会計研究の現状と展望を明らかにする。

本稿の構成は以下の通りである。第2節では、本稿の鍵概念である組織間管理会計、境界連結者の行動について説明する。第3節では、レビューの方針を述べる。第4節で先行研究の知見について検討し、今後の研究方向性を論じる。最後に、第5節で本レビューの貢献と限界を述べる。

2 概念の枠組み

2.1 組織間管理会計とその影響要因

管理会計研究において、組織間管理会計は「組織間マネジメントの支援のために会計情報を収集・作成し、組織境界を超えて活用することを目的とする管理会計の領域」(窪田ほか 2010, 279) である。このような捉え方をもとに、組織間関係を対象として実施される管理システムの設計 (取引相手の選定、契約の作成など)、利用 (目標の設定、業績評価、相互

支援、問題解決など) について議論されてきた (Caglio and Ditillo 2008; 窪田ほか 2010; 坂口 2022)。

また、組織間管理会計は画一的なものではなく、組織間取引がいかなる状況にあるのかによって管理のあり方も異なる。このため、組織間管理会計がどのような要因の影響を受けるのかについて関心が向けられてきた (窪田ほか 2010)。これまでの研究は、組織間管理会計への影響要因として取引や相手企業の特徴 (資産特殊性、不確実性、取引規模、交渉力など) を考えることが多かった (Caglio and Ditillo 2008; 坂口・河合 2011)。

一方で、背後ではマネジャーが境界連結者として組織間関係の調整を担っており、彼らの行動が管理システムの設計、利用のあり方と密接に関連していると考えられている (Dekker 2016)。組織間管理会計研究における基本的な問題関心を踏まえ、本稿では、組織間管理会計を、取引における共通的な目標を実現するために行われる管理システムの設計、利用であると考える。そのうえで2.2では、こうした組織間管理会計に影響する要因として境界連結者の行動について説明する。

2.2 組織間管理会計と境界連結者の行動

本稿では、「自社と相手企業の橋渡しとなって組織間関係を運営していくマネジャーの行動」(Dekker et al. 2019, 145) を、境界連結者の行動であると考える。具体的には、第1節でも述べたように、境界連結者はコミュニケーション、合意形成という2つの重要な役割を果たすことが期待されている。まず、コミュニケーションは、自社の戦略的な意図や目的を相手企業へと効果的に伝達することである (Aldrich and Herker 1977; Zhang et al. 2011, 2015; 山倉 1993)。次に、境界連結者は、取引の当事者双方にとって満足できるような便益が得られるように、自社を代表して相手企業との利害の調整を進めることという合意形成も担っている (Aldrich and Herker 1977; Zhang et al. 2011, 2015; 山倉 1993)。

こうした境界連結者の行動がバイヤー・サプラ

イヤー関係でどのような効果をもつのかが，マネジメントなどの隣接分野で議論されてきた。Zhang et al. (2011) は，自動車産業と食品加工産業への質問票調査データを分析したところ，購買担当者によって取引に対する期待などについてサプライヤーとのコミュニケーション，合意形成が積極的に実施される時ほど，バイヤーに対するサプライヤーの信頼が高かったことを明らかにしている。また，Zhang et al. (2015) は，自動車産業，石油産業，航空エンジン産業のバイヤー・サプライヤー関係を対象とした質問票調査データをもとに，境界連結者であるマネジャーを介してバイヤーの意図がサプライヤーへと的確に伝わる場合ほど，サプライヤーによるバイヤーへの信頼が強まり，取引に関する新技術開発へのコミットメントも高まることを示している。これらのサーベイ結果は，境界連結者の行動が組織間関係における資源の獲得と使用，正当性，組織イメージ，信頼の形成などを進める基礎になると主張する従前からの議論 (Aldrich and Herker 1977; 山倉 1993) を支持するものだと理解できる。

　隣接分野の研究に基づき，管理会計研究では境界連結者の行動が組織間管理会計にどのような影響を与えるのかが議論されている。第4節でも検討するように，先行研究は，境界連結者の行動を考えるうえで彼らの行動と深くかかわる特性に注目してきた。具体的には，ある時点で境界連結者がおかれた状況に注目して静的特性 (地位や権限，タスクの関係性，専門的スキルの有無) を扱う議論，境界連結者の行動の変容に注目して動的特性 (知識獲得のプロセス，管理スタイル) を扱う議論が行われている。本稿では，境界連結者による行動が組織間管理会計における管理システムの設計，利用に与える影響について静的・動的な視点で論じた

先行研究の到達点を整理する。さらに，組織間関係において境界連結者は様々な環境からの影響も受けている。具体的には，境界連結者としての能力向上の機会，情報システムの整備が考えられてきた。本稿では，こうした境界連結者の行動を取り巻く環境 (以下，ミクロ環境という) についても先行研究の状況を検討する。

3　レビューの方針

　組織間管理会計に関する過去のレビュー研究との違いから，本稿の方針を述べる。これまで，海外を中心とした研究の動向を明らかにしたレビュー (Caglio and Ditillo 2008; 窪田ほか 2010)，日本企業のバイヤー・サプライヤー関係を対象としたレビュー (坂口ほか 2015) など様々な視点でレビューが行われてきた。これらの研究は先行研究を網羅的に検討したものであり，我々が組織間管理会計研究の状況を俯瞰するのに有益な情報を与えている。一方，多岐にわたる論点を検討しているために，特定の要素について把握したい場合にこれらの研究から得られる情報は限定的なものとならざるを得ない。そこで本稿は，境界連結者の行動やその特性と組織間管理会計の設計，利用との関連性，ならびに境界連結者の行動にかかわるミクロ環境に焦点をあてて，先行研究で得られた知見を整理し，将来の研究課題を導出する。

　本稿のように特定の要素やその関連性の整理を文献レビューの主な目的とする場合にも，対象とする文献の範囲が適切かどうかを確認することは有意義なレビューを行ううえで重要だといえる。そこでまず，CiNii，J-STAGE，Scopus，Web of Scienceを用いた検索を行った❶。また，データベー

---

❶検索ワードについて，英文文献は，"inter-organizational management accounting" or "inter-organizational control" and "boundary spanner"，ないし "inter-firm management accounting" or "inter-firm control" and "boundary spanner" の設定，また和文文献は，"組織間管理会計" or "組織間コントロール" and "境界連結者" の設定とした。次に，検索期間は1994年以降に公表した学術論文とした。理由は，Otley (1994) が組織間に拡張した議論の必要性を指摘したことが，組織間管理会計研究が発展する契機になったからである (Dekker 2016, 86)。

スの検索を補完するため，検索で該当した文献の参考文献に基づいてさらなる文献の収集も行った。なお，文献の収集では，学会などの研究コミュニティで定められた学術論文としての水準を満たしているという理由から，査読付き学術雑誌に掲載されたものを対象とした。次に，収集した文献の要旨と本文を精読し，本稿で考察する境界連結者の行動が組織間管理会計に与える影響について実際に議論されているかどうかを確認した❷。以上の手順を経て，本稿では13件の文献を選択した。これらの文献を対象に，組織間管理会計と境界連結者の行動について得られた知見を整理した。そのうえで，将来の研究方向性を検討した。

4 組織間管理会計と境界連結者の行動に関する議論の現状と展望

まず4.1から4.3では，組織間管理会計と境界連結者による行動やその特性との関連性について先行研究で何が明らかにされてきたのかを検討する。そして4.4では，今後の研究方向性について考える。

4.1 静的視点による研究

境界連結者の静的特性について，先行研究は，境界連結者の地位や権限 (Caglio and Ditillo 2012; Håkansson and Lind 2004; Lepistö et al. 2020)，タスクの関係性 (Caglio and Ditillo 2012; Dekker 2004; Dekker et al. 2016, 2019)，専門的スキルの有無 (Carlsson-Wall et al. 2015; Lepistö et al. 2020) を考えてきた。

まず，どのような地位や権限をもつ担当者が境界連結者として行動するかが，組織間管理会計に影響する要因として重要だと考えられている。Lepistö et al. (2020)は，管理会計サービスのアウ

トソーシングの事例を対象に，十分な地位や権限を有する担当者が境界連結者として関与することが，組織間コントロールの実施でいかに重要であったかを論じている。この事例において，クライアントは報告書の作成業務の標準化によるサービスのコスト低減と品質の向上を求めていたのに対して，請負業者はより専門的なサービスを提供する高度な能力をもつ提供者としてクライアントとの関係を構築したいと考えていた。請負業者の担当者は，境界連結者としてこうしたクライアントと自社の異なるニーズをともに満たす必要があった。そのために彼らは，組織間で定められた契約 (Service Level Agreement) における業績目標の水準を達成し，業務で生じる問題に関して日々綿密なやり取りを行い真摯に対応することでクライアントの要求に応えた。さらに，請負業者の担当者は，クライアントが追求するリーンな業務方式に見合った形で調整を進めることで，組織間におけるプロセス改善のための問題解決も促された。このような対応によって，担当者は，自社が単なる標準的サービスの提供者ではなく，クライアントにとって代替的な外注先（より安価なインドの委託先）へと全面的に切り替えるのが困難なものであり，取引の正当性を示すこともできた。Lepistöらは，自社と取引企業（クライアント）の双方の期待に沿った調整のためコミュニケーション，合意形成を行ううえで担当者に境界連結者として十分な地位や権限が与えられていたことをあげており，こうした彼らによる率先した行動が，組織間の共同的活動に関する業績測定・評価の円滑な利用を促すうえでも重要であったと解釈している (Lepistö et al. 2020)。他の研究でも，地位や権限をもつマネジャーが関与することで組織間取引での財務・非財務情報の交換 (Open Book Accounting: OBA) がより広範囲に実施されたことや (Caglio and Ditillo

---

❷ 文献の選択では，収集した文献の本文全文を確認のうえ，組織間管理会計の研究であっても本レビューの目的と合致しないものは除外した。主な文献として，Anderson et al. (2014) や大浦 (2021) は組織間取引を担うマネジャーについて言及しているものの，いずれも境界連結者の行動が組織間管理会計に与える影響を直接的に議論したものではないため，レビューの対象外とした。

2012)，マネジャーが自らの裁量で対応できる仕組みが構築されている場合に彼らの行動を介して取引において生じる問題に応じて柔軟に業績評価などを利用できたということが論じられている (Håkansson and Lind 2004)。

　次に，境界連結者が取引相手と共同で行うタスクの関係性も，組織間管理会計と密接に関連していると考えられている。Caglio and Ditillo (2012) は，バイヤーとサプライヤーのマネジャーを対象とする質問票サーベイのデータを分析したところ，タスクの相互依存性がOBAの範囲などと，また，タスクの分析可能性がOBAの量とそれぞれ正に関連していた。これらの結果は，境界連結者であるマネジャーのタスクが相互にかかわり合う場合に相手企業と業務を調整するため多くのコミュニケーションが行われており，彼らの行動を通して組織間取引でのOBAが促進されること，および境界連結者のタスクに関する公式化が進みタスクの分析可能性が高いほど，OBAで得られた財務・非財務情報を用いて相手企業のマネジャーの行動を把握しようとする傾向が強まることを示したものだと理解されている (Caglio and Ditillo 2012)。また，Dekker et al. (2016) は，オランダで取引管理を担うマネジャーを対象とした質問票サーベイから，境界連結者によるインタラクション（会合や対面での議論）の頻度が組織間での業績測定の実施度（取引の業績測定で業務，財務，従業員，イノベーションに関する指標を重視する程度）やOBAの範囲（コスト，売上高，製品開発，マーケティング活動，業務成果，雇用と育成に関する情報を交換する程度）と正に関連することを明らかにしている。この結果は，境界連結者を介した相手企業との対話が緊密に行われる場合ほど，組織間取引における業績測定やその基礎となるOBAが積極的に実施されることを意味していると解釈されている (Dekker et al. 2016)。他の研究でも，境界連結者によるタスクが相互依存的で幅広く実施される時ほど，お互いの進捗状況を確認し合う必要性が生じることから契約が詳細

に規定されることや，取引実施における業績測定が厳格に実施されることが示されている (Dekker 2004; Dekker et al. 2019)。

　さらに，専門的なスキルをもつ担当者が境界連結者として行動することも注目されている。Carlsson-Wall et al. (2015) は，グローバルメーカーAsea Brown Boveri (ABB) グループのRobotics社とその顧客の取引に関する事例研究を通して，専門的なスキルを有するマネジャーが境界連結者として関与したことが，自社と顧客の間で行われる組織間管理会計の利用 (OBAの実施，業績管理における共同的な問題解決) でいかに重要であったかを議論している。この事例で，Robotics社の販売，エンジニアリング，品質および会計のスキルをもつマネジャーが境界連結者として顧客であるGeneral Motors (GM) 社との組織間取引の運営を担っていた。高度なスキルをもつマネジャーを介して，既存製品の技術面での陳腐化という想定外のトラブルに対処しGM社からの期待に応えるとともに，組織間取引における自社の意図（当該取引に関する技術とコストの両面での合理性）をGM社へと迅速に伝えられたことが，最終的により大規模な形での取引の実施という自社と顧客の双方にとってwin-winな共同的意思決定に結びついたと理解されている。事例検討を踏まえて，Carlsson-Wallらは，技術やマネジメントに関するスキルをもつマネジャーが境界連結者として不測の事態に対処するなかで顧客との対話や活動の調整を進めることによって，組織間取引の業績管理における顧客との相互支援，問題解決が促されたと説明している (Carlsson-Wall et al. 2015)。こうした専門的なスキルをもつ境界連結者による関与の重要性は，他の研究でも議論されている (Lepistö et al. 2020)。加えて，先述のLepistö et al. (2020) は，担当者が自身の能力開発へと継続的に参加するように促したり，キャリアパスの様々な段階で技術，対人能力に関する研修を提供したりするなど，境界連結者としての能力を高める機会が担当者に付与され

ることで，彼らは自社の要請とクライアントのニーズに沿った調整を円滑に行うことができたと解釈している。Lepistöらは，こうした境界連結者としての能力を向上させるミクロ環境が整えられていたことが，彼らの行動を支援するとともに，組織間の共同的活動に関する業績測定・評価の柔軟な実施にも役立った点も明らかにしている (Lepistö et al. 2020)。

　以上のように先行研究は，担当者が境界連結者として重要な地位や権限を有しており，また相手企業の担当者との間でタスクを相互依存的，または緊密に遂行する場合に，彼らがコミュニケーション，合意形成を率先して進めることによって，組織間における業績評価などの管理システムの利用がより積極的に実施されるようになることを示してきた。また，専門的なスキルをもつ境界連結者の関与が，組織間における管理システムの柔軟な利用に寄与することも明らかにしてきた。さらに，境界連結者の行動を取り巻くミクロ環境として能力向上の機会が重要であることも示してきた。

　一方，専門的なスキルはマネジャーがもともと有しているものであるとは限らず，実際に境界連結者として相手企業との取引を行うなかで徐々に彼らの能力が高められていく可能性も考えられる。そのため，境界連結者による行動に関して特定時点で見られる状況を対象に静的な観点で説明するのみならず，その変容に注目する動的な観点からも説明することが重要である。これについて，4.2で検討する。

4.2　動的視点による研究

　境界連結者の動的特性について，先行研究は，知識獲得のプロセス (Coad and Cullen 2006; Free 2007; Stouthuysen et al. 2019)，管理スタイル (Cuganesan 2006; Rooney and Cuganesan 2013; Zahir-ul-Hassan et al. 2016) を考えてきた。

　取引においてマネジャーが境界連結者としての知識を獲得していくプロセスが，組織間管理会計の発展に深く結びついていることが論じられてきた。Stouthuysen et al. (2019) は，境界連結者として行動するマネジャーが知識を獲得していくことで組織間コントロールがどのように改善されるのかをグローバル企業のアウトソーシングに関する経時的な事例研究によって詳しく論じている。この事例では，取引開始の時点で，委託した業務を方向付けるためのコントロールが不足していた。組織間での情報交換のための仕組みが構築されておらず，工場の取得や突発的に起こる問題にともない追加されたタスクに対する責任も曖昧であった。試行錯誤による学習を通して，マネジャーは，境界連結者として自社と請負業者とのコミュニケーションの向上と，責任の明確化を進めることができた。加えて，アウトソーシングに関してデジタル化された業務情報のプラットフォームが導入されると，マネジャーを介したコミュニケーションがより円滑に行えるようになり，自らが試行錯誤で得た教訓についても互いに議論できるようになった。相互の議論からマネジャーが得た教訓は，組織間コントロールにも反映された。例えば，彼らは，請負業者との共同業務の状況に応じて当初契約で定められた予算の内容を変更し，請負業者に対してイノベーションを促すインセンティブを盛り込んだ報酬システムを追加した。このように業務遂行上学んだ内容についてマネジャー同士が議論することで，彼らは組織間での共同業務の状況に即した業績評価と報酬の改善を行えるようになった。事例研究を通してStouthuysenらは，組織間コントロールを改善するうえで境界連結者が取引の実施を経て知識を獲得していくプロセスが重要であったこと，そして背後では，組織間取引を対象とした情報システムというミクロ環境の整備が進んだことが境界連結者を中心としたより深い学習へと結びついていたのだと論じている (Stouthuysen et al. 2019)。他の研究でも，サプライチェーンを対象とする情報システムのもとで境界連結者を介して行われる相手企業との学習が，組

織間における業績評価や取引の状況に応じた相互支援，問題解決を促していたことを明らかにしている（Coad and Cullen 2006; Free 2007）。

　さらに，境界連結者がどのような取引を志向しているのかも組織間管理会計のあり方にかかわる重要な要因だと考えられている。Cuganesan（2006）は，境界連結者による管理スタイルが組織間コントロールの実施内容にいかに影響するのかを議論している。オーストラリアの金属産業のバイヤー・サプライヤー関係の事例を調査した結果，バイヤー企業で主導権を握ったマネジャーの管理スタイルによって信頼ベースから管理ベースへとサプライヤー企業への組織間コントロールが変化したことを明らかにしている。この事例では，初期の時点に主導権を握った供給部門のマネジャーがサプライヤー企業との合意形成を重視することで，信頼をベースとするコントロールの組み合わせにより取引の管理が進められた。これに対して，後期に会計部門のマネジャーが主導権を握るようになると，彼らはサプライヤー企業への要件を詳細に規定しコミュニケーションをきめ細かくとることで，業績モニタリングがより厳格に実施されるようになった。こうしたマネジャーが境界連結者として行動するうえで志向する管理スタイルが組織間管理会計の実施内容の変更を促すことについて，その重要性を支持する結果がアウトソーシングなど他の組織間関係を扱った研究でも得られている（Rooney and Cuganesan 2013; Zahir-ul-Hassan et al. 2016）。

　上記のように先行研究は，組織間関係を担うマネジャーが境界連結者としてコミュニケーション，合意形成を進めていくなかで知識を獲得するプロセス，彼らが志向する管理スタイルが，相手企業に対する業績評価の厳格さ，実施度といった管理システムの利用のあり方に影響する重要な要因であることを明らかにしてきた。加えて，組織間における情報システムの整備が，境界連結者の行動にかかわる重要なミクロ環境であることも示して

きた。

4.3　小括

　4.1と4.2のレビューから明らかになった事項は，以下のようにまとめられる。境界連結者の静的特性を扱った研究は，担当者が境界連結者として重要な地位や権限を有しており，また相手企業の担当者との間でタスクが相互依存的，あるいは緊密に遂行される場合に，彼らによる率先した行動が，組織間における管理システムの積極的な利用を促すことを明らかにしてきた。また，専門的なスキルをもつ境界連結者がコミュニケーション，合意形成を進めることが，組織間での管理システムの柔軟な利用へと寄与することも示してきた。一方，専門的なスキルのように，マネジャーが境界連結者として実際に行動するなかでその能力が高まっていく可能性も考えられる。そこで，境界連結者の動的特性についても議論が行われてきた。動的特性を扱った研究は，マネジャーが境界連結者として取引におけるコミュニケーション，合意形成を進めるなかで知識を獲得していくプロセス，さらには彼らが志向する管理スタイルが，業績モニタリングの実施度といった組織間における管理システムの利用のあり方と深くかかわっていることを明らかにしてきた。

　先行研究で議論されたトピックを比較すると，境界連結者の動的特性については知識獲得のプロセス，管理スタイルと内容が絞られていたのに対して，境界連結者の静的特性については地位や権限，タスクの関係性（相互依存性，分析可能性，対話の頻度），専門的スキルの有無というようにやや多くの内容が扱われてきた。ただし，境界連結者の静的特性，動的特性のいずれを考える場合でも，これまでは業績評価，相互支援，問題解決など，組織間管理会計の利用の局面を対象とした議論が多かったといえる。

　また，境界連結者を取り巻くミクロ環境も重要だと考えられてきた。いくつかの研究は，境界連

表 1　組織間管理会計，境界連結者の特性，ミクロ環境の関連性に関する主な研究課題

	組織間管理会計の 設計の局面を対象とした課題	組織間管理会計の 利用の局面を対象とした課題
境界連結者の静的特性を 考慮した場合	例：地位や権限，専門的スキルの有無が，取引相手の選定，契約の作成などの実施度とどのように関連するのか。	例：地位や権限，専門的スキルの有無が，目標の設定，業績評価，相互支援，問題解決などの実施度とどのように関連するのか。
境界連結者の動的特性を 考慮した場合	例：知識獲得のプロセス，管理スタイルが，取引相手の選定，契約の作成などの実施度とどのように関連するのか。	例：知識獲得のプロセス，管理スタイルが，目標の設定，業績評価，相互支援，問題解決などの実施度とどのように関連するのか。
境界連結者の特性とともにミクロ環境を考慮した場合	例：専門的スキルの有無と契約の作成などの実施度との関連性に関して，情報システムの整備度によりどのような違いがあるのか。	例：管理スタイルと業績評価などの実施度との関連性に関して，関係の発展度によりどのような違いがあるのか。

出所：筆者作成。

結者としての能力向上の機会がどの程度付与されているかや（Lepistö et al. 2020），組織間取引を対象とした情報システムの整備が（Stouthuysen et al. 2019），組織間管理会計と境界連結者による行動との関連性に影響することを明らかにしてきた。しかし，ミクロ環境に関してこれまでの研究は上記のような限られた範囲での検討にとどまっており，議論が十分に進んできたとはいい難い。

4.4　今後の研究方向性

4.3までのレビューを受けて，以下では，組織間管理会計と境界連結者の行動について将来取り組むべき2つの研究方向性を考える。これらの方向性に沿った主な研究課題は，表1のように示すことができる。

1つ目は，境界連結者の行動やその特性と組織間管理会計との関連性についてより広範囲な検討を進めることである。先行研究では，組織間管理会計の利用の局面に議論が集中していたけれども，実際には，取引相手の選定，契約の作成などの設計の局面でも境界連結者の行動が深くかかわっていると考えられる。組織間管理会計が設計から利用へと段階的に進んでいくことに注意すれば，利用のみならず設計の局面にも分析の範囲を広げて

境界連結者の行動による影響を検討することで新たな研究の展開につながる可能性がある。4.3までの結果に基づくと，例えば，専門的なスキルを有する境界連結者が組織間取引に関与することで自社と相手企業の間でのより精緻な契約の作成，そして管理システムの利用が促されることが考えられる。また，別の見方として，地位や権限をもつ境界連結者がコミュニケーション，合意形成を率先して行うことで，取引相手の選定，契約の作成にかかる負担が低減したり，取引実施後の相手企業との相互支援，問題解決がより効率的に実施されたりすることも考えられる。さらに，取引を担うマネジャーの管理スタイル，境界連結者としての知識獲得プロセスの状況によっても，管理システムを設計，利用するうえでの実施度などに違いが生じると考えられる。こうした様々な言説について分析するためには，組織間管理会計の設計，利用を総合的に見たうえで境界連結者の行動やその特性との関連性を議論することが有効だと考える。

2つ目は，組織間管理会計と境界連結者の行動の背後でかかわるミクロ環境について理解を深めることである。ミクロ環境に関して，先行研究は，境界連結者としての能力向上の機会がどの程度付与されているかや（Lepistö et al. 2020），組織間取引

を対象とした情報システムの整備 (Stouthuysen et al. 2019) が，境界連結者の行動に影響するものだと考えてきた。ただし，これらは境界連結者を取り巻くミクロ環境の一部を見ているにとどまり，これ以外の要因についても議論していくことが必要である。4.3までの検討を踏まえると，例えば，自社と相手企業の関係がどの段階にあるのかによっても境界連結者に求められる行動が異なると考えられる。これについてCaglio and Ditillo (2012) は，4.1で取り上げた内容に加えて，関係の初期段階では相手企業の情報が不足するために幅広い情報を対象としてOBAが行われるのに対して，その後，後期へと進むにつれて相手企業の状況がある程度理解できていることから把握する情報を絞り込みながらOBAが実施されるようになることも示唆している。Caglio and Ditillo (2012) は組織間関係の段階に応じた境界連結者の行動について個別に言及しているわけではないけれども，本レビューの内容と関連付けることでさらなる議論の展開が可能である。例えば，4.2で検討したCuganesan (2006) などを参考にすると，初期の段階では自社と相手企業の信頼，共通理解のため合意形成が，その後の後期の段階では共同的活動を円滑に遂行するためコミュニケーションが重視されるなど，相手企業との関係がどの段階に位置しているのかによって境界連結者に求められる行動やその特性（専門的スキルの有無，管理スタイルなど）も異なり，それが契約の範囲，OBAの実施度など組織間での管理システムの設計，利用とも密接にかかわると考えられる。そのため，ミクロ環境として関係の発展度を考慮することは，目まぐるしく変化する組織間の実態を捉えた管理会計研究を行うために適しているといえる。

加えて，近年ではビジネスのグローバル化などにともないバイヤー・サプライヤーの取引に関して日本企業による管理実務の見直しが進んでいることが論じられている（坂口ほか 2015）。このようなわが国の傾向も踏まえると，以上指摘した2つ

の方向性は，サーベイ，事例研究などの研究方法を問わず，境界連結者の行動が組織間管理会計に与える影響について学術的な知見を獲得するとともに，転換期にある日本企業の実務を把握するうえでも重要である。

5　おわりに

本稿では，組織間管理会計における境界連結者の行動やその特性に注目して議論の全体像を明らかにすることを目的としてきた。レビューによる本稿の主張は下記の通りである。

まず，境界連結者の行動が組織間管理会計に与える影響については，これまで組織間管理会計の利用の局面を中心に静的・動的視点で議論されてきた。今後は，境界連結者の行動が組織間管理会計の設計，利用の様々な局面でどのような影響を与えるのかをさらに検討することが必要である。次に，境界連結者を取り巻くミクロ環境についても注意を要する。そのために本稿は，境界連結者としての能力向上の機会，情報システムの整備という先行研究で検討されてきたもの以外に，関係の発展度についてもあわせて考えることが有効だと指摘した。

これらの研究方向性に取り組むことは，他企業との関係の運営を担うマネジャーが組織間管理会計にどのようにかかわっているのかという近年提起されてきた問題 (Dekker 2016) に対して我々の理解をより豊かなものにしてくれると考える。一連の文献研究によって，本稿は，境界連結者の行動という新たな視点で組織間管理会計の知見を蓄積していくための研究機会を提供することに貢献した。

一方，本稿には限界もある。本稿は，先行研究で主に扱われてきたバイヤー・サプライヤー，アウトソーシングの関係を対象に議論した。これに対して，非営利組織によるパートナーシップなど

他の組織間関係を対象とした場合について，本稿で得られた発見事項との異同を検討していくことも重要である。

謝辞

編集委員の先生方には大変お世話になりました。また，匿名レフリーの先生方から論文の改善に向けて丁寧で，有益なコメントを頂戴しました。この場を借りて深く感謝申し上げます。なお，本稿は，公益財団法人牧誠財団2016年度研究助成（課題番号：2016001号），JSPS科研費（課題番号：JP19K 13861, JP22K13515）による研究成果の一部です。

参考文献

大浦啓輔. 2021.「組織間コントロールの影響要因と役割ストレス——組織内および組織間コントロールの二重構造の視点から——」『会計プログレス』22: 51-66.

窪田祐一・大浦啓輔・西居豪. 2010.「組織間管理会計」（加登豊・松尾貴巳・梶原武久『管理会計研究のフロンティア』中央経済社: 277-311）.

坂口順也. 2022.『組織間マネジメント・コントロール論——取引関係の構築・維持と管理会計——』中央経済社.

坂口順也・河合隆治. 2011.「組織間管理会計のサーベイ研究の現状と方向性——影響要因と統治システム——」『メルコ管理会計研究』4(2): 29-41.

坂口順也・河合隆治・上總康行. 2015.「日本の組織間マネジメント・コントロール研究の課題」『メルコ管理会計研究』7(2): 3-13.

山倉健嗣. 1993.『組織間関係——企業間ネットワークの変革に向けて——』有斐閣.

Aldrich, H., and D. Herker. 1977. Boundary spanning roles and organization structure. *The Academy of Management Review* 2(2): 217-230.

Anderson, S. W., M. H. Christ, H. C. Dekker, and K. L. Sedatole. 2014. The use of management controls to mitigate risk in strategic alliances: Field and survey evidence. *Journal of Management Accounting Research* 26(1): 1-32.

Caglio, A., and A. Ditillo. 2008. A review and discussion of management control in inter-firm relationships: Achievements and future directions. *Accounting, Organizations and Society* 33(7/8): 865-898.

Caglio, A., and A. Ditillo. 2012. Opening the black box of management accounting information exchanges in buyer-supplier relationships. *Management Accounting Research* 23(2): 61-78.

Carlsson-Wall, M., K. Kraus, and J. Lind. 2015. Strategic management accounting in close inter-organisational relationships. *Accounting and Business Research* 45(1): 27-54.

Coad, A. F., and J. Cullen. 2006. Inter-organisational cost management: Towards an evolutionary perspective. *Management Accounting Research* 17(4): 342-369.

Cuganesan, S. 2006. The role of functional specialists in shaping controls within supply networks. *Accounting, Auditing and Accountability Journal* 19(4): 465-492.

Dekker, H. C. 2004. Control of inter-organizational relationships: Evidence on appropriation concerns and coordination requirements. *Accounting, Organizations and Society* 29(1): 27-49.

Dekker, H. C. 2016. On the boundaries between intrafirm and interfirm management accounting research. *Management Accounting Research* 31: 86-99.

Dekker, H. C., R. Ding, and T. L. C. M. Groot. 2016. Collaborative performance management in interfirm relationships. *Journal of Management Accounting Research* 28(3): 25-48.

Dekker, H. C., C. Donada, C. Mothe, and G. Nogatchewsky. 2019. Boundary spanner relational behavior and inter-organizational control in supply chain relationships. *Industrial Marketing Management* 77: 143-154.

Free, C. 2007. Supply-chain accounting practices in the UK retail sector: Enabling or coercing collaboration? *Contemporary Accounting Research* 24(3): 897–933.

Håkansson, H., and J. Lind. 2004. Accounting and network coordination. *Accounting, Organizations and Society* 29(1): 51–72.

Lepistö, S., J. Dobroszek, L. Lepistö, and E. Zarzycka. 2020. Controlling outsourced management accounting to build legitimacy. *Qualitative Research in Accounting and Management* 17(3): 435–463.

Otley, D. 1994. Management control in contemporary organizations: Towards a wider framework. *Management Accounting Research* 5(3/4): 289–299.

Rooney, J., and S. Cuganesan. 2013. The control dynamics of outsourcing involving an early-stage firm. *Accounting and Business Research* 43(5): 506–529.

Stouthuysen, K., A. Van Den Abbeele, J. van der Meer-Kooistra, and F. Roodhooft. 2019. Management control design in long-term buyer-supplier relationships: Unpacking the learning process. *Management Accounting Research* 45: 1–11.

Zahir-ul-Hassan, M. K., R. A. Minnaar, and E. Vosselman. 2016. Governance and control as mediating instruments in an inter-firm relationship: Towards collaboration or transactions? *Accounting and Business Research* 46(4): 365–389.

Zhang, C., S. Viswanathan, and J. W. Henke Jr. 2011. The boundary spanning capabilities of purchasing agents in buyer-supplier trust development. *Journal of Operations Management* 29(4): 318–328.

Zhang, C., F. Wu, and J. W. Henke Jr. 2015. Leveraging boundary spanning capabilities to encourage supplier investment: A comparative study. *Industrial Marketing Management* 49: 84–94.

Melco Journal of Management Accounting Research Volume 14 Issue 2 (2023) pp. 19–30

The effects of the behavior of boundary spanners on inter-organizational management accounting
A review from static and dynamic perspectives

Keita INOUE
Tokyo Keizai University

Abstract: The purpose of this paper is to clarify the current status and prospects of inter-organizational management accounting research by focusing on boundary spanners' behavior and characteristics. This review clarified that previous studies have discussed the effects of the behavior of boundary spanners from static and dynamic perspectives, focusing on the use of inter-organizational management accounting, and that, with respect to the micro-environment around boundary spanners, these studies have discussed opportunities to improve their capabilities as boundary spanners, and the development of information systems. Based on these results, this paper points out that as future research directions, it is effective to examine further how the behavior of boundary spanners affects various aspects of the design and use of inter-organizational management accounting and to consider the degree of development of relationships as an additional element of the micro-environment. These directions will lead to a deeper understanding of the question raised in recent years about how managers responsible for operating relationships with other firms are involved in inter-organizational management accounting.

Keyword: inter-organizational management accounting, boundary spanners, collaboration, design and use of management systems, literature review

研究論文 ──────────────── メルコ管理会計研究　14号-Ⅱ（2023）pp. 31-42

業績評価システムにおける
トーナメントの問題点
不均質コンテストの問題とモニタリングによる解決

小笠原 亨*・早川 翔**・吉田 政之***

要旨……他者との相対的な順位により評価を行うトーナメントは，広く普及しているインセンティブ制度である。しかし，トーナメントの参加者間で能力に差がある場合，参加者の努力を十分に引き出すことができないという不均質コンテストの問題が知られている。本稿では，この不均質コンテストの問題を，上司にモニタリングの権限を与えることで解決できるか実験室実験により検証した。検証の結果，①上司によるモニタリングがトーナメント参加者の努力を引き出すこと，②理論の予測よりも高い水準の努力が継続して選択されるケースがあること，の2点が明らかとなった。本稿の結果は，上司にモニタリングの権限を与えることで不均質コンテストの問題を解決できる可能性があること，また，金銭以外の要因が，トーナメントにおける参加者の行動に無視できない影響を与えることを示している。

キーワード……トーナメント，業績評価，不均質コンテスト，モニタリング，手続き的公正

1　はじめに

　業績や成果を絶対値ではなく相対的な順序にもとづき評価し，報酬を支払う仕組みはトーナメント（tournament）と呼ばれている。トーナメントは，製品開発コンテスト，企業の昇進，スポーツの大会など広く普及しているインセンティブ制度である。企業内の業績評価システムにおいてもトーナメントは用いられており，例えば，他者との相対的な順位で評価する相対評価も広義にはトーナメントに含まれる（Lazear 1997）。企業内の業績評価システムにトーナメントが用いられる理由の一つとして，序数的な業績情報の取得が容易な点が挙げられる（Lazear and Rosen 1981）。例えば，一般に業績測定が困難であるホワイトカラーのインセン

ティブ制度に，トーナメントが有用であることが報告されている（Baik et al. 2016）。

　しかし，トーナメントの参加者間で，その能力に差があるとき，トーナメント方式のインセンティブ制度では参加者の努力を引き出せないことが知られている（Lazear and Rose 1981; Bach et al. 2009; Berger and Nieken 2016）。このような問題は，不均質コンテスト（heterogeneous contestants）と呼ばれる（Lazear and Rosen 1981）。不均質コンテストでは，能力の低い参加者は勝利できる見込みがほとんどないため，努力水準を最低限度まで引き下げる。一方，能力の高い参加者は，相手側が最低限の努力水準しか選択しないため，自身が努力水準を下げても勝利できる。そのため，能力の高い参加者は，努力コストを節約する目的から，勝利できる最低限度まで努力水準を引き下げる。こうした意思決定における相互作用の結果，参加者間の能力に差があるとき，トーナメントでは両者の努力を引き出せないという不均質コンテストの問題が生

　　* 甲南大学経営学部
　　 〒658-8501 兵庫県神戸市東灘区岡本8丁目9－1
　　 E-mail: ogswr@konan-u.ac.jp
　 ** 流通科学大学商学部
　*** 尾道市立大学経済情報学部

じる。

　企業の業績評価システムにおいて他者との比較による相対的な情報にもとづくインセンティブ制度を利用せざるを得ない状況の多さを鑑みれば，不均質コンテストの問題は深刻である。なぜなら，こうしたインセンティブ制度のほとんどにおいて，その参加者の能力は不均質にならざるを得ないからである。現実的に考えて，同じ能力水準の人材ばかりを揃えることは困難である。また，参加者の能力が不均質であることを隠蔽して平等なトーナメントを装うことも難しい。この理由は，相対評価の情報が期末など定期的にフィードバックされる場合，被評価者（すなわち，トーナメント参加者）は，こうしたフィードバック情報を通じて，自身の能力についての相対的な位置を知ることになるからである。結果として，トーナメント参加者間で能力が不均質であることが認識され，トーナメント参加者は自身の努力水準を引き下げることになる（Casas-Arce and Martines-Jerez 2009）。

　不均質コンテストの問題を防ぐ手段として，先行研究では，能力の低い参加者の勝率をあげるためハンディキャップをつける（Lazear and Rosen 1981），あるいはトーナメント参加者間で異なる報酬額を設定する差別的報酬制度をもうける（Ishiguro 2004），といった解決策が提案されてきた。こうしたトーナメント参加者間で非対称な取り扱いをするという解決策は，従業員同士を評価する業績評価システムにおいては手続き的公正（Greenberg 1986; Greenberg 1987; 福島 2009）の観点から望ましくない。

　一方，不均質コンテストの問題を解決する手段として，上司にモニタリングの権限を与えるという方法も提案されている（小笠原ほか 2021）。小笠原ほか（2021）では上司にモニタリングの権限を与えることで，両参加者が高い努力水準を選択するという均衡の存在を示している。上司にモニタリングの権限を与えるという方法は，同じ業績評価システムのもとでトーナメント参加者を平等に取り扱うため，手続き的公正が確保されている。そのため，この方法は企業内の業績評価システムにおいて，不均質コンテストの問題を解決できる可能性がある。小笠原ほか（2021）のモデルによれば，上司は能力の低い参加者のみモニタリングすることで，能力の低い参加者と高い参加者，両者の努力を引き出すことができる。すなわち，この解決策は，1人分のモニタリングコストを負担することで，2人分の努力を引き出せることを意味する。しかし，小笠原ほか（2021）では，この均衡が現実に達成されるかどうか検証していない。経済学ベースのモデルで予測されたトーナメントの均衡が，実際に達成されるか検証することは重要である。トーナメント制度では不可避的に他者と比較される。そのため，競争意識や見栄といった，モデル上は考慮されていない心理的な要因がトーナメント参加者の意思決定に影響を与える可能性がある。実際，金銭報酬という経済的なインセンティブに加えて，他者と比較されることによる心理的な要因が参加者の努力に影響を与えることが指摘されている（Frederickson 1992; Hannan et al. 2013）。また，不均質コンテストを再現した実験でも，理論による予測と実験参加者の行動に乖離がみられ，この乖離が心理的な要因によるものである可能性が指摘されている（Weigelt al. 1989; van Dijk et al. 2001）。したがって，上司にモニタリングの権限を与えるという方法が，こうした心理的な要因の影響を加味したうえでも，有効な解決策となるのか明らかにする必要があるだろう。本稿では，小笠原ほか（2021）のモデルで示されている均衡が，現実に達成されるか実験室実験により検証する。検証結果は，下記の通りであった。まず，上司にモニタリングの権限を与えるという解決策は，トーナメント参加者の努力を実際に引き出せることが明らかとなった。次に，一部のトーナメント参加者は，理論の予測よりも高い努力水準を選択する傾向が確認された。この結果は，トーナメントにおいて他者に勝利することで得られる心理的な報酬によ

り生じている可能性が考えられる。

　本稿の構成は以下の通りである。まず，第2節で不均質コンテストにおいてモニタリングがある場合の理論モデルを確認し，仮説を導出する。第3節では，実験デザインについて記述する。第4節では分析結果を提示し，第5節で本稿における結論を述べる。

2　不均質コンテストとモニタリング

2.1 不均質コンテスト

　仮説の導出にあたり，小笠原ほか (2021) に従って理論モデルを構築する。2人のプレイヤー ($i=1, 2$) がトーナメントを行う状況を考える。プレイヤーの片方 ($i=1$) が能力の高い参加者であり，もう片方 ($i=2$) が能力の低い参加者である。前者を強者，後者を弱者と呼ぶことにする。各プレイヤーは同時に努力水準 (e_i) を選択する。努力水準は高 ($e_i=H$)，中 ($e_i=M$)，低 ($e_i=L$) の3段階である。努力には努力コスト (c_i) がかかる。高い努力水準ほどコストがかかるため，$c_i(H)>c_i(M)>c_i(L)=0$ と仮定する[1]。トーナメントに勝利したプレイヤーは，トーナメント報酬 ($B>0$) を受け取る[2]。ただし，2人のプレイヤーの能力は不均質であり，両者が同じ努力水準を選択したときは，強者が勝利する。一方，弱者は強者よりも厳密に高い水準の努力をし

たときのみ勝利できる。例えば，強者が努力水準を中 ($e_1=M$) に選択したとき，弱者は努力水準を高 ($e_2=H$) と選択することで勝利できるものの，中 ($e_2=M$) や低 ($e_1=L$) と選択した場合には敗北する。また，弱者は強者よりも努力コストが高いと想定される。この点について，小笠原ほか (2021) では，$B-c_1(H)>-c_1(M)$ かつ $B-c_2(M)<-c_2(L)$ という条件を設定し，非対称トーナメント条件と呼称している。この条件は，強者にとっては努力コストが低いため，トーナメント報酬が十分に割の合うものであるのに対して，弱者にとっては努力コストが高く，トーナメントに勝利しても割に合わないことを意味している。このゲームにおける各プレイヤーの利得表を表1に記載した。まず，強者の最適戦略は弱者と同じ努力水準を選択することである。両者の努力水準が同じであれば，強者はトーナメントに勝利できるため，それ以上の努力コストをかけるインセンティブは存在しない。一方，弱者は低水準の努力水準 ($e_2=L$) を選択することが支配戦略となっている。この理由は次のように説明できる。弱者にとって，強者に勝つためには強者よりも厳密に高い努力水準を選択しなければならない。しかし，非対称トーナメント条件より，勝利によって得られる報酬は努力コストよりも低い。そのため，弱者は強者の選択によらず低 ($e_2=L$) の努力水準を選択する。弱者が努力しないのであれば，強者も努力せずトーナメント

表1　不均質コンテストの利得表[3]

		弱者 ($i=2$)		
		$e_2=H$	$e_2=M$	$e_2=L$
強者 ($i=1$)	$e_1=H$	$(B-c_1(H),\quad -c_2(H))$	$(B-c_1(H),\quad -c_2(M))$	$(B-c_1(H),\quad \underline{-c_2(L)})$
	$e_1=M$	$(-c_1(M),\quad B-c_2(H))$	$(\underline{B-c_1(H)},\quad -c_2(M))$	$(B-c_1(H),\quad \underline{-c_2(L)})$
	$e_1=L$	$(-c_1(M),\quad B-c_2(H))$	$(-c_1(L),\quad B-c_2(M))$	$(\underline{B-c_1(H)},\quad \underline{-c_2(L)})$

[1] 努力コストは逓増，すなわち，$c_i(H)-c_i(M)>c_i(M)-c_i(L)$ と仮定する。

[2] このモデルは1期間を想定しているものの，1期間が1年を意味しているわけではない。1期間をある程度の期間 (ex. 入社から昇進決定が行われるまでの期間) と解釈すれば，現実の人事制度運用とも整合的なセッティングとなる。

[3] 下線部は各プレイヤーの最適戦略を示している。

表2　弱者（$i=2$）にモニタリングを実施し，ペナルティを課す場合❹

		弱者（$i=2$）		
		$e_2=H$	$e_2=M$	$e_2=L$
強者 （$i=1$）	$e_1=H$	$(B-c_1(H),\quad -c_2(H))$	$(B-c_1(H),\quad \underline{-c_2(M)})$	$(B-c_1(H),\quad -c_2(L)-P)$
	$e_1=M$	$(-c_1(M),\quad B-c_2(H))$	$(\underline{B-c_1(H)},\quad \underline{-c_2(M)})$	$(B-c_1(H),\quad -c_2(L)-P)$
	$e_1=L$	$(-c_1(M),\quad B-c_2(H))$	$(-c_1(L),\quad \underline{B-c_2(M)})$	$(B-c_1(H),\quad -c_2(L)-P)$

に勝利できるため，$(e_1, e_2)=(L, L)$が唯一の純粋戦略ナッシュ均衡となる。このように非対称トーナメント条件が満たされる場合，両者の努力を引き出すことはできない。

2.2 弱者へのモニタリング

　この問題を解決するための方法として，上司によるモニタリングを考える。具体的には，上司がモニタリングを実施し，トーナメント参加者が低（$e_2=L$）の努力水準を選択している場合には，ペナルティ（$P>0$）を課すという制度を想定する。小笠原ほか（2021）によれば，このペナルティが十分に大きく，弱者のインセンティブ条件（$-c_2(M)>-c_i(L)-P$）を満たすならば，純粋戦略ナッシュ均衡は先ほどの$(e_1, e_2)=(L, L)$という状態から，$(e_1, e_2)=(M, M)$に変化する。表2に，ペナルティを考慮した場合の利得表を示した。先ほどとは異なり，弱者は努力水準を低（$e_2=L$）で選択した場合，上司からペナルティ（$P>0$）が課せられる。このペナルティが弱者のインセンティブ条件を満たすほど十分に大きいならば，弱者は努力水準を中（$e_2=M$）に引き上げることが合理的となる。弱者が努力水準を引き上げるのであれば，強者はトーナメントに勝利するため，自身の努力水準も引き上げざるを得ない。この結果，上司は弱者のみモニタリングを実施することで，より高い水準の努力を両者から引き出すことができる。このメカニズムは単純であるため，一般化も容易である。例えば，弱者が低（$e_2=L$）では

なく，中以下（$e_2=M, L$）の努力水準を選択していた場合にペナルティを課すという新たな状況を考える。この状況でも，ペナルティが十分に大きいならば，弱者は努力水準を高（$e_2=H$）に引き上げざるを得ない。そのため，強者もトーナメントに勝利できるよう，自身も努力水準を高（$e_1=H$）に引き上げることになる。このように，上司が弱者のみをモニタリングし，一定水準の努力が選択されていない場合にペナルティを課すことによって，その水準までの努力を両者から引き出すことができる。このように，トーナメントとモニタリングを併用する業績評価制度は広く見られる。例えば，日本企業では，昇給や昇格の評価に相対評価が6割以上利用されることに加えて，評価者による情意評価（態度や仕事に対する姿勢）も1割以上利用されている。これは成果を相対評価（広義のトーナメント）という序数的な情報で測定することに加えて，評価者となる上司のモニタリング結果を報酬に反映させていることを意味する。

2.3 業績評価システムの公正性

　上司が弱者のみモニタリングをすることは不平等であり，組織的公正を欠いていると思われるかもしれない。しかし，上司に両者をモニタリングする権限を与えたとしても，特定の条件❺が満たされる限り，この結果は変化しない。この原因はモニタリングコストにある。モニタリングコストを前提とした場合，上司は強者をモニタリングす

---

❹ 下線部は各プレイヤーの最適戦略を示している。
❺ 小笠原ほか（2021）では，これをモニタリングコスト条件として設定している。

る権限をもっていたとしても，それを実施するインセンティブは存在しない。なぜなら，弱者にのみモニタリングを実施し，弱者の努力水準さえ引き出すことができれば，強者はトーナメントに勝利するために，いわば勝手に努力してくれるからである。すなわち，上司は1人分（弱者）のモニタリングコストを負担することで，2人分の努力水準を引き出すことができる。強者に追加でモニタリングを実施し，不要なモニタリングコストを負担するインセンティブは存在しない。そのため，業績評価システムとして，上司に両者をモニタリングできる権限を与えておくという制度を採用しておけば，少なくとも制度上は，平等な取り扱いをしつつ，両者の努力を引き出すことができる。

2.4 トーナメントにおける心理的な要因

　トーナメント制度において，参加者は否応なしに他者と比較される。そのため，金銭的インセンティブだけでなく，他者と比較されることによる心理的な要因もトーナメント参加者の行動に影響を与える可能性がある。先行研究では，競争意識の喚起（Frederickson 1992），相対的な成果が公表されることによる社会的な認知への懸念（Hannan et al. 2013; Lourenco 2016）といった要因が，トーナメント参加者の行動に影響を与えることが報告されている。本稿のセッティングでは，トーナメント結果を他の参加者（トーナメント相手を除く）には伝えないため，後者の社会的な認知への懸念は考慮する必要がない。しかし，トーナメント参加者が競争意識を喚起させられることで，勝利そのものから非金銭的効用を受け取る可能性がある。不均質コンテストを対象とした実験においても，参加者が理論による予測よりも高い水準の努力を選択することが示されている（Weigelt et al. 1989; van Dijk et al. 2001）。この結果について，Weigelt et al. (1989) では，トーナメント参加者が勝利から非金銭的効用を得ている可能性を指摘し，トーナメント参加者の近視眼的行動について，下記のように述べている。「このように，選好関数に非金銭的属性が含まれることは驚くべきことではないが，驚くべきは被験者の近視眼的行動である。もし，被験者が勝つ確率を上げるために努力量を少し増やしたのであれば，ペアのメンバーが何をしているかを考慮すべきであった。このような場合，『勝ち』の確率を上げるためには，ペアの人の行動を考慮する必要がある。もし，ペアのメンバーも努力値を少し上げていたら，両者とも勝率は上がらず，単年度ペイオフが下がり，大会主催者（企業）のペイオフが上がることになる（Weigelt et al. 1989, 41）」。トーナメント参加者が勝利から非金銭的効用を受け取っている場合，もしくは勝利にこだわるあまり近視眼的な行動をとる場合には，先行研究と同様にトーナメント参加者は理論の予測よりも高い水準の努力を選択すると予測される。本稿の予測では，両プレイヤーとも中水準の努力を選択することがナッシュ均衡であった。しかし，こうした心理的な要因の影響を考慮すれば，実験参加者はより高い水準の努力を選択することも考えられる。ただし，実験参加者の心理的な要因に関する選好や，近視眼的で非合理な行動をどの程度とるかについて，事前には不明である。そのため，下記の帰無仮説を設定する。

　　仮説1：不均質コンテストにおいて弱者へのモ
　　　　　ニタリングとペナルティが課される場合，
　　　　　弱者はランダムに努力水準を選択する。
　　仮説2：不均質コンテストにおいて弱者へのモ
　　　　　ニタリングとペナルティが課される場合，
　　　　　強者はランダムに努力水準を選択する。

3　研究方法

3.1　実施方法

　実験参加者は熊本学園大学商学部の学生34名である。実験は計2回実施され，参加者は1回目

(2021年2月12日) が17名, 2回目 (2021年5月11日) が17名であった。なお, 実験に2回以上参加した者は存在しない。参加者の平均報酬は1647.1円であり, 報酬額は実験内での獲得ポイントによって決定される。

実験はオンライン形式で実施した。なお, 実験に先立って説明会を対面実施しており, このとき実験参加に必要な諸手続きを行っている❻。実験当日, 参加者は自身のパソコンやスマートフォン等からZoomの実験用ミーティングルームにアクセスし, 本人確認を行う。その後, 実験用ページに誘導され, 実験タスクに従事する。実験用ページはo-Tree (Chen et al. 2016) という実験作成支援プログラムを用いて作成した。タスク完了後は, Zoomの実験用ミーティングルームに再度アクセスし, 全参加者のタスクが完了したのち, 実験終了を参加者全員に伝える。なお, 参加者とのコミュニケーションはすべて非対面のチャットで実施しており, コミュニケーションに利用される文章は事前に作成されている。

3.2 実験タスク

実験タスクでは, 参加者は仮想状況下での意思決定が求められる。仮想状況のセッティングは, 実験参加者が企業で研究開発員として働いており, 社内で開催されている研究コンテスト (トーナメント) で競い合うというものである。実験参加者は, 能力の高いトーナメント参加者である強者 (実験では「優秀な社員」と表記) と能力の低いトーナメント参加者である弱者 (実験では「平凡な社員」と表記) のいずれか一方に割り当てられ, 研究コンテストにおける努力水準の選択が求められる。努力水準は, 低・中・高の3段階である。また, 小笠原ほか (2021) の想定と同様に, 上司によるモニタリンも実施される。ただし, 上司に割り当てられる実験参加者は存在せず, 上司によるモニタリングの有無が画面上で表示されるのみである。小笠原ほか (2021) のモデルの設定と同様, ①モニタリングが無いケース (NA), ②モニタリングがあり肯定的な評価を受けるケース (Positive), ③モニタリングがあり否定的な評価を受けるケース (Negative), という3つのケースが存在する。上司によるモニタリングが実施され, 中水準以上の努力を選択していた場合には肯定的な評価, 反対に低水準の努力を選択していた場合には否定的な評価となる。上司から否定的な評価を受けた場合, すなわち, モニタリングが実施され, かつ参加者が低水準の努力を選択していた場合はペナルティを受ける。

実験参加者の作業は, 下記の流れに沿って行われ, これを1ラウンド❼とする。まず, 実験参加者はランダムに2人1組となり, 一方が「優秀な社員 (強者)」, 他方が「平凡な社員 (弱者)」に割り当てられる。次に, 上司によるモニタリングの有無が実験参加者に伝えられる。つづいて, 実験参加者は努力水準の選択を行う。最後に, 各参加者が選択した努力水準, トーナメントの勝敗, モニタリングによるペナルティという3つの要素にもとづき, そのラウンドでの獲得ポイントが決定され, 自身の獲得ポイントが画面上に表示される。各ラウンドでの獲得ポイントは, 「初期保有ポイント－努力コスト＋コンテストの賞金－モニタリングによるペナルティ」で算定される。なお, 算定方法および各項目のポイントは, 実験開始時の説明段階および各ラウンドにおける努力水準の選択直前に参加者へ伝えられる。

本稿の目的は, 「平凡な社員」のみをモニタリングすることで, 「平凡な社員」および「優秀な社員」の合計2人分の努力水準を引き出すことができる

---

❻ 実験参加に必要な手続き及び実験内容については, 熊本学園大学における「人を対象とする研究」に関する倫理委員会の承認 (2020年12月24日付) を得ている。

❼ 実験は複数ラウンド実施しているが, これは「実験参加者に学習させ, (タスクに関する) 初期反応のみに焦点をあてることを避けるため, 多くの実験では意思決定タスクを繰り返す (Jacquemet and L' Haridon 2018 p.137)」という実験上の手続きによるものである。

表3　努力コスト

努力水準	優秀な社員（強者）	平凡な社員（弱者）
高	200ポイント	600ポイント
中	100ポイント	300ポイント
低	50ポイント	50ポイント

表4　コンテストの勝者

		平凡な社員（弱者）の努力水準		
		高	中	低
優秀な社員（強者）の 努力水準	高	優秀な社員	優秀な社員	優秀な社員
	中	平凡な社員	優秀な社員	優秀な社員
	低	平凡な社員	平凡な社員	優秀な社員

のか，すなわち，不均質コンテストの問題を効率的に解消できる均衡が現実に達成されるか検証する点にある。そのため，本稿では，「平凡な社員」のみをモニタリングするケースに絞って検証を行う。モデル上，上司によるモニタリングは，「優秀な社員」および「平凡な社員」のそれぞれに対して，モニタリングを実施するかどうかの4（＝2×2）ケースが考えられるものの，他の3ケースでは不均質コンテストを解消できる均衡が達成されないため本稿では取り扱わない。全てのラウンドで「平凡な社員」のみをモニタリングし，実験参加者の選択する努力水準がモデルの予測と一致するか検証する。なお，実験上の手続きとしては，実験参加者は4ケースのうち，いずれのケースになるかはラウンドの開始前には知らされておらず，各ラウンドにおける努力水準の選択前に，どのケースであるか伝えられる。

　各ラウンドでの獲得ポイントは，小笠原ほか（2021）にもとづき，両参加者が中水準の努力を選択することがナッシュ均衡となるように，下記の通り設定する。まず，初期保有ポイントとして，実験参加者に600ポイントが与えられる。次に，実験参加者が選択した努力水準に応じて，努力コストが発生するため，ポイントが減算される。減算されるポイントは，選択する努力水準および参

加者の役割によって異なり，詳細を表3に示した。また，コンテストの賞金は200ポイントで，コンテストの勝者にのみ加算される。コンテストの勝者は各参加者が選択した努力水準に応じて，表4にもとづき決定される。最後に，モニタリングによるペナルティは300ポイントである。上司は平凡な社員のみモニタリングするため，平凡な社員に割り当てられた参加者が低い努力水準を選択していた場合，300ポイントを失う。

　実験用ページへ移動後，実験全体の手順は下記のように進められる。まず，参加者は実験タスクに関する説明を読み，その後，実験内容の理解度を確認するためのテストを受ける。次に，実験参加者はランダムに2人1組のペアとなり，実験タスクが20ラウンド行われる。このペアは実験終了まで固定であり，前半10ラウンドと後半10ラウンドで優秀な社員と平凡な社員の役割が入れ替わる[8]。20ラウンドが終了したのち，獲得ポイントに応じた最終的な報酬額が伝えられる。

　報酬額は，獲得ポイントに応じて決定される。全20ラウンドのうち，前半10ラウンドから1ラウンド，後半10ラウンドから1ラウンドがランダムに選択され，合計2ラウンドの獲得ポイントに応じて報酬額が算定される。獲得ポイントは1ポイントにつき1円で換算され，2ラウンドの合計

---

[8] ただし，実験参加者には毎ラウンド，役割がランダムに割り当てられると伝えられている。

表5　実験参加者の選択した努力水準

ラウンド	優秀な社員（強者）			平凡な社員（弱者）		
	高	中	低	高	中	低
1	6	24	1	13	17	1
2	16	12	3	15	14	2
3	12	18	1	16	15	0
4	11	15	5	13	18	0
5	14	15	2	16	14	1
6	12	17	2	14	16	1
7	7	20	4	12	14	5
8	10	19	2	13	17	1
9	10	21	0	14	16	1
10	8	20	3	12	18	1
平均	10.6	18.1	2.3	13.8	15.9	1.3
割合	34.19%	58.39%	7.42%	44.52%	51.29%	4.19%

獲得ポイントに固定報酬800円を加えた金額が実際の報酬額となる[9]。報酬の最低額は1,300円，最高額は2,050円である。

4　分析結果

　実験結果の概要は，表5に記載した。表5は，10ラウンド（×2回）において実験参加者31名がそれぞれ選択した努力水準の結果を示している。小笠原ほか（2021）の理論によれば，このセッティングのもとで実現するナッシュ均衡は両者とも中程度の努力水準を選択することである。表5によれば，中水準の努力を選択した割合は強者で58.39%，弱者で51.29%といずれも過半数に達し

ている。この結果は，理論による予測が概ね正しく，1人分のモニタリングを実施することで，2人分の努力を引き出せることを示している。

　一方，高水準の努力が選択された割合は，強者で34.19%，弱者で44.52%と決して低いとはいえない。各ラウンドでの獲得ポイントのみを考えれば，高水準の努力を選択することは非合理的な行動である。トーナメント制度のもとでは半ば強制的に他者と比較されるため，競争意識の喚起（Frederickson 1992）のような金以外の心理的な要因が生じやすい。他にも，自身が「優秀な社員」（もしくは「平凡な社員」）に割り当てられたという意識が意思決定者の行動に影響を与えた可能性もある[10]。いずれにせよ，不均質コンテストに関する他の実験研究（Weigelt et al. 1989; van Dijk et al. 2001）でも指摘されている

---

[9] 固定報酬の金額は熊本学園大学の規定を満たすため設定した。なお，これらのポイントはモデルの設定と整合的になるように設定しており，固定報酬を設けたとしても実験設計上の問題はない。

[10] こうしたラベリングの影響は，通常であれば取り除かれるべきものだが，不均質コンテストの文脈上こうした影響を完全に取り除くことは難しい。不均質コンテストでは，トーナメントという勝者を1人決める制度のもと，どちらか一方が必ず能力の高い（低い）参加者になり，その能力差はお互いにとって事前に既知でなければならない。そのため，実験参加者に伝える実験想定を極度に抽象化（ex. 社員や努力，勝利といった用語を使用せず，ポイントの計算式のみを伝える）したとしても，自身が有利（もしくは不利）な状況に割り当てられたかどうかが分かってしまう。また，このような極度な抽象化はラベリングの影響は極小化できるかもしれないが，一方で実験想定を分かりづらいものにしてしまい実験が成立しなくなる恐れもある。また，現実に不均質コンテストが存在する場合，こうしたラベリングの影響は必ず発生するむしろ考慮するべき要因であろう。本論文の焦点は「不可避的に他者と比べられるトーナメントという設定において，小笠原ほか（2021）の提案される均衡が実現するのか」を検証することにあり，その意味ではこうしたラベリングの影響は積極的に解釈されるべきものである。そのため，今回の実験では，極度な抽象化を行うのではなく，ラベリングも含めたトーナメント制度に起因する様々な心理要因により，参加者の意思決定がモデルの予測する均衡から乖離するかどうか検証するという方針で実施した。

ように，金銭的な効用以外の影響を受けた可能性を示唆している。

また，低水準の努力を選択している参加者が強者で7.42%，弱者で4.19%と少数ながら確認された。ラウンドの後半に至っても，低水準の努力が選択されていることから，今回の実験想定に十分に習熟していない訳ではなく，戦略的に低水準を選択した可能性もある。しかし，低水準の努力が選択された回数は，強者で14名（うち，1回選択7名，2回選択6名，3回選択1名），弱者で6名（うち，1回選択4名，2回選択1名，3回選択1名）であったものの，低水準の努力を10ラウンド中3回以上選択した実験参加者は少ない。そのため，何回か気まぐれで選択した可能性がある。

仮説1および仮説2の検証を行うためカイ二乗分布を利用した適合度検定を実施した。仮説1について，弱者が選択する努力水準がランダムであれば，それぞれの努力水準が選択される確率はそれぞれ1／3となるはずである。検定の結果，自由度2でカイ二乗値120.6となり1％水準で帰無仮説は棄却された。つづいて，仮説2の検定を行う。もし，強者が選択する努力水準がランダムであれば，それぞれの努力水準が選択される確率は全て1／3となるはずである。検定の結果，自由度2でカイ二乗値は120.9となり1％水準で帰無仮説は棄却された。

追加分析として，ラウンドの前半（1〜5ラウンド）と後半（6〜10ラウンド）でコンテスト参加者が選択する努力水準が異なるか検証した。これは，ラウンドの前半と後半で参加者の選択が異なるならば，参加者がラウンドを通じて学習し，その結果として行動を変容させている可能性が存在するためである。分析はカイ二乗分布を利用した独立性検定により行った。分析の結果，弱者については自由度2でカイ二乗値2.443，強者については自由度2でカイ二乗値2.336となり，ラウンドの前半と後半で参加者が選択する努力水準に変化は見られなかった。

5　結論

本稿では，不均質コンテストにおいて，上司によるモニタリングが参加者の努力を引き出す可能性について検証した。実験の結果，不均質コンテストにおいて実験参加者のほとんどが中水準もしくは高水準の努力を選択していた。この結果は，小笠原ほか（2021）の理論で提示されているように，上司によるモニタリングが不均質コンテストの問題を解消できる可能性を示している。また，実験参加者のうち3〜4割の実験参加者が金銭上は不利になるにも関わらず，高水準の努力を選択していた。この結果は，他者と比べられるというトーナメントの性質によって生じる心理的な要因が，実験参加者の行動に影響を与えた可能性を示唆している。

本稿の貢献は，次の二点である。まず，上司によるモニタリングが不均質コンテストの問題を解消しうることを実証した点にある。次に，不均質コンテストにおいて金銭以外の要因を加味した場合，コンテスト参加者は理論による予測よりも過度に高い努力水準を選択しうることを示した点である。Weigelt et al. (1989) が指摘するように，このような非金銭的効用が存在する場合，不均質コンテストを含むトーナメントという制度は，コンテストの賞金やモニタリングによるペナルティという金銭的効用で引き出せる以上の努力水準を，トーナメント参加者から引き出せる可能性がある。また，非合理に高水準の努力を選択する傾向がラウンドの前半と後半で変わらないことから，非金銭的効用が属人的特性によるものであることも考えられる。この場合，こうした特性が世代によって傾向の違いが存在するならば（ex. Young et al. 2016），同じ業績評価システムでも引き出すことのできる平均的な努力水準が世代によって異なる可能性もある。

本稿の限界は，次の二点である。まず，高水準の努力を選択させた金銭以外の要因について，そ

の詳細について十分検討できていない点である。高水準の努力を選択させる要因として，①勝利による非金銭的な効用の存在，②勝利が昇進など将来的な報酬につながるかもしれないという誤謬，③報酬計算の認知的負荷が高いため勝利に盲進するという考慮の欠如，といった理由が考えられるものの，どの要因が影響を与えたかは本稿の結果から特定できない。次に，実験室実験という分析方法上，現実の企業におけるセッティングとは距離があるという点である。具体的には，定期昇給や昇格など他のインセンティブとの関係，努力水準と成果の不確実性，3人以上のプレイヤーの行動について考慮していない。本稿の分析結果が，こうした拡張に対してどれだけ頑健かについては，理論の再設計に加えて，さらなる検証が必要となる。

謝辞

本稿の執筆にあたり，2名の匿名の査読者から貴重なコメントをいただきました。また，本研究は，2019年度メルコ学術振興財団研究助成金（2019002号）による成果の一部です。ここに記して，心より感謝申しあげます。

参考文献

小笠原亨・早川翔・吉田政之. 2021.「相対評価における追加的なモニタリング」『管理会計学』29 (1): 19-31.

福島一矩. 2009.「業績評価の納得性に関する概念的フレームワーク」『経営行動科学』22 (1): 13-20.

Bach, N., O. Gürtler, and J. Prinz. 2009. Incentive Effects in Tournaments with Heterogeneous Competitors—an Analysis of the Olympic Rowing Regatta in Sydney 2000. *Management Revue* 20 (3): 239-253.

Baik, B., J. H. Evans, K. Kim, and Y. Yanadori. 2016. White Collar Incentives. *Accounting, Organizations and Society* 53: 34-49.

Berger, J., and P. Nieken. 2016. Heterogeneous Contestants and the Intensity of Tournaments: An Empirical Investigation. *Journal of Sports Economics* 17 (7): 631-660.

Casas-Arce, P., and F. A. Martínez-Jerez. 2009. Relative Performance Compensation, Contests, and Dynamic Incentives. *Management Science* 55 (8): 1306-1320.

Chen, D. L., M. Schonger, and C. Wickens. 2016. OTree—An Open-Source Platform for Laboratory, Online, and Field Experiments. *Journal of Behavioral and Experimental Finance* 9: 88-97.

Frederickson, J. R. 1992. Relative Performance Information: The Effects of Common Uncertainty and Contract Type on Agent Effort. *The Accounting Review* 67 (4): 647-669.

Greenberg, J. 1986. Determinants of Perceived Fairness of Performance Evaluations. *Journal of Applied Psychology* 71 (2): 340-342.

Greenberg, J. 1987. A Taxonomy of Organizational Justice Theories. *Academy of Management Review* 12 (1): 9-22.

Hannan, R. L., G. P. McPhee, A. H. Newman, and I. D. Tafkov. 2013. The Effect of Relative Performance Information on Performance and Effort Allocation in a Multi-Task Environment. *The Accounting Review* 88 (2): 553-575.

Ishiguro, S. 2004. Collusion and Discrimination in Organizations. *Journal of Economic Theory* 116 (2): 357-369.

Jacquemet N. and O. L'Haridon. 2018. *Experimental Economics: method and applications*. Cambridge University Press.

Lazear, E. P., and S. Rosen. 1981. Rank-Order Tournaments as Optimum Labor Contracts. *Journal of Political Economy* 89 (5): 841-864.

Lazear, E. P. 1997. *Personnel Economics for Managers*. New York: John Wiley & Sons, Inc.（樋口美雄・清家篤 訳. 1998.『人事と組織の経済

学』日本経済新聞出版）

Lourenço, S. M. 2016. Monetary Incentives, Feedback, and Recognition—Complements or Substitutes? Evidence from a Field Experiment in a Retail Services Company. *The Accounting Review* 91 (1): 279–297.

van Dijk, F., J. Sonnemans, and F. van Winden. 2001. Incentive Systems in a Real Effort Experiment. *European Economic Review* 45 (2): 187–214.

Weigelt, K., J. Dukerich, and A. Schotter. 1989. Reactions to Discrimination in an Incentive Pay Compensation Scheme: A Game-Theoretic Approach. *Organizational Behavior and Human Decision Processes* 44 (1): 26–44.

Young S. M., F. Du, K. K. Dworkis and K. J. Olsen. 2016. It's All about All of Us: The Rise of Narcissism and Its Implications for Management Control System Research. *Journal of Management Accounting Research* 28 (1): 39–55.

Melco Journal of Management Accounting Research Volume 14 Issue 2 (2023) pp. 31–42

A Tournament Problem as Performance Evaluation Systems

A Solution of Heterogeneous Contestants by Monitoring

Toru OGASAWARA
Faculty of Business Administration, Konan University

Sho HAYAKAWA
Faculty of Commerce, University of Marketing and Distribution Sciences

Masayuki YOSHIDA
Faculty of Economics, Management and Information Science, Onomichi City University

Abstract: Tournaments (or relative evaluation) are a widely used incentive system. Under these incentive systems, there is a problem which is called heterogeneous contestant. Heterogeneous contestant is that tournament participants' efforts are not fully exploited in case their ability are so much different. In this paper, we examine whether the problem of heterogeneous contests can be solved by giving monitoring authority to supervisors through laboratory experiments. The results revealed the following two points: (1) monitoring by supervisors elicits effort from the evaluators, and (2) in some cases, participants continue to choose a higher level of effort than the theory predicts. The results of this paper suggest that giving supervisors the authority to monitor may solve the problem of heterogeneous contestants and that the psychological factor of "wanting to win over other participants" has a non-negligible effect on predicting participants' behavior under these incentive systems.

Keyword: Tournaments, Performance Evaluation, Heterogeneous Contestants, Monitoring, Procedural Justice

座談会

メルコ管理会計研究 14号－Ⅱ（2023）pp.43-54

『メルコ管理会計研究』(MJMAR) が果たすべきミッションと査読のあり方

出席者

伊藤嘉博（早稲田大学 商学学術院 教授／MJMAR編集委員）

片岡洋人（明治大学 専門職大学院会計専門職研究科 教授／MJMAR編集委員長補佐）

加登　豊（同志社大学 大学院ビジネス研究科 教授／MJMAR編集委員）

篠田朝也（岐阜大学 社会システム経営学環 教授／MJMAR編集委員長補佐）

丸田起大（九州大学 大学院経済学研究院 教授／MJMAR編集委員長補佐）

武山幸司（公益財団法人牧誠財団 事務局長）

澤邉紀生（司会／京都大学 経営管理大学院 院長／MJMAR編集委員長）

『メルコ管理会計研究』(MJMAR) 編集委員会の委員・委員長補佐が集って2020年8月に開催した査読制度についての座談会（本誌第13号－Ⅰ所収）では，日本の管理会計研究者が査読制度についての理解を深めるための一助として，査読制度の歴史とそのあるべき姿を巡って議論を行なった。本座談会はその第2弾として，査読制度を運用する立場にある編集委員・委員長補佐が，本誌の刊行母体である牧誠財団および本誌のミッションを踏まえて，査読に関わる問題点や改善点，読者や投稿者のために目指すべき査読のありようについて検討した。下記にその模様をお伝えする。

澤邉紀生●『メルコ管理会計研究』(MJMAR) の査読について考えるにあたって，まずは発行母体である牧誠財団の設立趣意，ミッションの確認をしておきます❶。基本的には「日本の管理会計実践を理論化して，世界に発信する」ことが趣意ですが，一般化して考えると，「実務から理論へ」，つまり管理会計実務に根ざした研究を行なって，「その研究を日本から世界に」ということになるかと思います。もちろん，それだけでは一方通行になるので，「理論から実務に」，「世界から日本へ」ということも財団のミッションに含まれると思っています。ですから，特に理論と実務との間の知の巡りをよくすることで，日本と世界との間の知の巡りをよくするのが財団のミッションだろうと私自身は理解しております。

このような財団の設立趣意を本日の議論の出発点として，その上で，機関誌としてどのようなミッションを設けるべきなのかを考え，そのミッションにふさわしい査読制度について検討したいと思います。土台から積み上げる形で，実践から考えるアプローチではなく，どちらかというと演繹的なアプローチになると思います。

まずは皆さんに，編集委員または編集委員長補佐として関わってこられた観点から，ご意見を頂戴したいと思います。その議論の前提条件として，牧誠財団自体は研究助成事業を公益事業の柱にしており，財団の機関誌であるMJMARは研究助成を受けて行なわれた研究成果を発表する媒体であることを押さえておく必要があります。一般的な学会の機関誌とは性格が異なるわけです。ただし

❶ 稿末54頁掲載の「財団法人メルコ学術振興財団（現 公益財団法人牧誠財団）設立趣意」を参照。

近年では，自由投稿論文のように研究助成を受けていない論文も投稿されるようになっていますし，院生論文も掲載されています。院生論文については，助成を受けているものも受けていないものも両方あります。つまり，助成を受けた研究を発表する媒体であることが基本ですが，それ以外の役割も果たしているのが実態です。

またMJMARには，他にも様々な企画原稿も掲載されています。これらは査読されていないので査読制度を考える上では周辺情報ですが，例えばセミナー報告や，クリス・チャップマン先生の研究ティップスをまとめた講演録などを掲載していますし，こうした座談会も掲載しています❷。機関誌として，査読論文以外も色々と掲載している事実は共有しておきたいと思います。

その上で，本誌のミッションについて皆さんがどうお考えになるかを伺います。私自身は，出来上がった研究を掲載するだけではなく，研究が行なわれているプロセスにも貢献するのがMJMARの特徴だと理解しています。この観点からすると，ミッションの1つの柱は，「MJMARを通じて日本の管理会計研究のレベルを向上する」ことだと考えています。この点は皆さん共感いただけるかと思いますが，他にミッションの柱としてどのようなものがあるか，伊藤先生いかがでしょうか。

財団が果たすべきミッションとMJMARが扱う領域

伊藤嘉博●実は，かねてから気になっていた点があるのです。澤邉先生が言われたように，牧誠財団の中心的活動は研究助成で，その機関誌としてMJMARがあるわけですが，研究助成の案内を見ると，助成の対象は管理会計領域だけではないわけですよね。実際に応募してこられる方は管理会計を研究している方ばかりだとは思いますが，それ以外の経営全般が助成の対象とされています。そうなると，そうした領域の方たちが研究助成に応募してくる可能性もあるわけです。しかし，先ほど確認した財団のミッションには管理会計だけしか書かれていないので，それでいいのかが気になります。我々としてはありがたいですが，整合性を考えると，ミッションについては「管理会計とその周辺領域」といった形に変える必要があるように思います。

そうなると，もちろんMJMARも変わっていかざるを得ないわけです。その場合には，誰が査読をするのかとか，管理会計と同じような形で査読ができるのかどうかなど，色々ややこしい問題が出てくると思います。これは単に私が心配しているだけなのかもしれませんが，あくまでも『メルコ管理会計研究』ですから従来のように管理会計領域だけでいいのか，どちらがいいかわからないので，皆さんに確認していただければと思います。

澤邉●確かに特別な研究助成，例えば大型助成の時などは，狭義の管理会計に限定されることなく，周辺領域も含めた上でテーマを絞った特別企画的な助成を行なう方向にあります。通常の助成については，管理会計とその周辺領域というぐらいの範囲で現在は考えています。すると「周辺」がどこまでかという話にはなりますが，これは先生方一人ひとりによって違ってくる話だと思います。

財団設立当初は，例えば環境関連の話やマネージメントコントロールのいくつかの議論などについては，「これが管理会計研究なのか」といった議論が，選考委員会であったと聞いています。私自身は理事として選考委員会の独立性を尊重すべき立場ですので，直接その議論に参加したわけではなく，選考委員長の講評として聞いたことがあるだけですが，「管理会計の中心から離れているので，クオリティは高かったが採択されなかった」という講評を聞いた記憶があります。しかし近年では，そうした研究も助成研究として選ばれていると私自身は見ています。

伊藤●その場合，これまではなかったのかもしれ

❷『メルコ管理会計研究』第13号−Ⅰ（2021）を参照。

ませんが，成果論文として管理会計との接点が薄いものが出てきた場合にも，査読の対象になるのでしょうか。

澤邉●例えば，管理会計の先行研究がほとんど引用されていない論文が，これまでも投稿されてきました。それは助成を受けた成果論文としてではなく自由投稿論文です。自由投稿論文について管理会計の研究とは思えないという印象を持った場合，投稿者に「この論文がなぜ管理会計の論文なのか，論文の中でどう説明されているか教えてください」とお伝えしています。投稿者の説明を聞いて納得すれば査読に回し，そうでなければデスクリジェクトしています。これまで実務経験を持った社会人院生の方から税務と関連した論文が何度か投稿されています。税務関連のテーマは管理会計的に扱おうと思えばいくらでも扱えるわけですから，先行研究として管理会計がまったく引用されていないのでは，管理会計の論文とはみなせない。

こうした観点からすると，広義の管理会計として査読対象になるかどうかという判断材料の1つは，引用文献に管理会計的な文献がきちんと含まれているかどうかです。管理会計の文献がその論文の研究テーマや研究課題を作り上げるために活用されているかどうかという部分が重要な判断基準となっています。

MJMARでの「管理会計」の捉え方と世界への発信のあり方

加登豊●伊藤さんの質問は，別の観点から見ると，「管理会計とは何なのか」ということを問うているのだと思います。日本には『メルコ管理会計研究』，『原価計算研究』，そして『管理会計学』という3つの査読付きの雑誌があります。その掲載基準としては，「掲載対象論文は管理会計に関するもの」とは書かれてはいますが，「何をもって管理会計とするのか」については，どの雑誌でも書かれていないんですね。管理会計とは何かについては多様な見方があるわけです。ですから，掲載すべき

範疇の論文なのかどうなのかについては，定義がされていない以上，編集委員会マターであると理解しています。

ただし，ジャストインタイム生産システムのどこが会計かと聞かれると返答に窮します。コスト最小化とか利益極大化という意味では管理会計ですが，ジャストインタイム生産システム自体は管理会計ツールではないわけです。従来の伝統的な会計という意味で管理会計ツールがあるとすると，改善コスティングぐらいなんですね。原価企画について，今では皆さん管理会計だと思ってくださっていますが，会計らしいところは何かというと，原価低減と品質・機能の同時達成という部分と，あとは目標原価の算定方法しかないんです。原価低減のための主要な手法はVE（バリュー・エンジニアリング）ですが，VEは管理会計ではない。

ですから結論を申し上げると，それぞれの雑誌が掲載する論文によって管理会計をどう捉えているのかを理解いただいて，当然，雑誌ごとの特色がそれぞれにあるわけですから，投稿者はそれを考慮に入れて見ながら一番適切な雑誌に投稿するということになるだろうと思います。

もう一点，財団のミッションに関連して気になることがあります。それは，世界から学ぶのはいいですが，学んだ結果を世界に再発信をしている先生がとても少ないことです。例えば私が共編者になって『実務に活かす管理会計のエビデンス』という本を2022年に出版させていただきましたが，そこに載っている論文を英訳して欧米の研究雑誌に投稿しても，掲載される可能性のある論文は限られていると思います。欧米の研究に基づいて日本企業を分析対象として実施した研究でしかない。このような研究には新規性がないと判断されるので，投稿してもリジェクトされるのです。こうして世界から学んではいるけれども，世界への情報の再発信はできていないのが，とても気になります。

また，牧誠財団が意図している「優れた実務等について，世界に対して情報発信をする」という

面についても，弱いところがありますね。というのも，昔と違う一番大きな問題として，世界はもう日本に関心を示していないということがあります。こうした状況で日本の管理会計実務を紹介しても，誰も興味は示さない。私たちは，世界で評価される日本発の研究に取り組む必要がある。ですので，特にミッションがはっきりしている牧誠財団の雑誌では，管理会計の研究の啓蒙をさらにしていただいて，いい論文をどんどん掲載していく方向で進んでいただければと思います。

澤邉●加登先生のお話を私なりに解釈させていただくと，それぞれの雑誌は掲載している論文によって管理会計をどう捉えているかを発信できるはずで，管理会計の定義は示されていないとしても，掲載された論文から投稿者はそれを理解できるということですね。

　関連して，加登先生のお話は「管理会計学者を自認されている方々が管理会計とは何かを作っていくんだ」ということも示唆していると感じました。私自身も，管理会計の領域は，管理会計学者を自認している人たちが，その活動を通じて作っていくものだと理解しています。ですから，時代が変われば管理会計の領域も変わると私自身は思っております。その際に，活動媒体としてこうした学術誌が重要な役割を果たす。先行研究と関連付けて領域を設定しなくてはいけないという先ほどの説明は，こうした理解に基づいています。管理会計学者を自認する人たちが，これまで管理会計とは思われなかった研究を進めるようになっていけば，管理会計領域が以前と違うものに変わっていくことは大いにある。ただし，過去の歴史は先行研究という重しとして存在しますから，急に変わるようなものではないと理解しています。

事例紹介論文，調査研究という
MJMARのダイバーシティ

丸田起大●雑誌のミッションについてこれまで出ていない論点として，キーワードはダイバーシティ

だと考えています。MJMARは，多様な研究者や研究方法を受け入れてきています。掲載コーナーとしても，事例紹介論文や調査研究などの枠を設けています。もちろん原則は査読からスタートしますが，査読は通らなくても掲載価値があるものについては載せるコーナーがあることが，MJMARの特色だと思っています。補佐として担当していて，査読の質は決して低くないと感じています。その結果として掲載不可になることもかなりの確率でありますが，その後，事例紹介論文や調査研究として掲載する道を提案するなど，その後のフォローもできていると思います。

　もう1つ，MJMARでは，実務家の論文が掲載されるチャンスが，他の雑誌よりは高いだろうと思います。その点がうまく広報できているかという課題はありますが，雑誌の構えとしてはそのようにできている。そういうところは雑誌としての魅力になってほしいと思っています。

澤邉●確かに，今ご指摘いただいたダイバーシティについては，特に大事にしてきました。研究方法について，この研究方法でなければいけないということはなく，新しいものも含めて受け入れています。研究テーマも同様ですが，ただしクオリティは高いものを要求する。定量的研究でも定性的研究でも，あるいはそれ以外の研究方法でも，高いクオリティで活用されていればウェルカムであるという姿勢は当初から取っておりました。この点は他のジャーナルと違う意識があるところかなという気がします。丸田先生のご指摘を受けて，これは明文化した方がいいのかなと感じました。

若手研究者の育成と
管理会計の裾野拡大に貢献するために

片岡洋人●財団のミッションのなかで私が気になったのは，若手の育成や教育に関する部分です。MJMARにも，投稿から掲載決定まで従来よりも速く行なう「院生論文」カテゴリができたことで，『原価計算研究』と同様のスピード感が出てきたと

思っております。ところが意外なことに，財団の設立趣旨には若手の育成や教育についての記述がありません。日本の管理会計を世界に対していかに発信していくかを考えた場合にも，若手の育成と教育は極めて重要だと思います。加登先生が先ほど提起された問題意識についても，長期的な観点から見れば，若手が育成されないと実現できないのではないかと感じます。そのためには，管理会計人口をいかに増やしていくかについて，我々はもう少し積極的に考えていかなくてはいけないと思っています。

　例えば，加登ゼミ出身の管理会計研究者の方もたくさんおられますが，我々のゼミの出身者に限定せず，学界・実務界を問わず，若手の管理会計人口をどんどん増やして，底上げができるようにしていくことが重要だと感じております。そうした育成と教育のための査読をいかにして我々が実現するのかを考えることが重要で，その思想，つまり「MJMARは管理会計人材を育成し教育する」という思想は，査読の制度にも込められていると感じております。これは素晴らしい点です。他のジャーナルだと，査読回数に上限があったり，修正期間が短期間であったりすることが珍しくありません。一方でMJMARでは，掲載されるためだけの，単に査読者所見を鵜呑みにした短期間での修正ではなく，じっくり考えて修正することが可能です。先ほど言ったスピード感とは対極的かもしれませんが，しっかり検討する時間を取ることが多少なりとも認められていることは，育成と教育の観点から見て素晴らしいですし，まさにジャーナルの方針に合っていると感じています。

澤邉●おっしゃる通りですね。管理会計研究人口をどのように増やすか，若手をどのように増やすかという課題については，これまで管理会計学者ではなかった方が管理会計学者を自認していただけるようになれば増えたことになるし，あるいは実務家が研究手法と研究者としての作法を学んで研究成果を出せば，これも増えたことになると思っ

ています。「若手」というのは生物的な年齢ではなく，管理会計に入ってからの期間と捉えた方がいいのかなとは思います。管理会計人口を増やすことの重要性は，私も同意するところです。

管理会計という領域の範囲を定める可能性と危険性

篠田朝也●先ほど紹介があった財団の設立趣意を，改めて読んでみました。これは設立趣意なのでイコール「ミッション」ではないのかもしれませんが，2007年に上總康行先生などが深く関わられてメルコ学術振興財団 (現 牧誠財団) が設立された際に，どのような目的で設立されたのかが書かれているものです。その当時に上總先生がお話しされていた内容がそのまま載っていて，すごく懐かしく，また興味深く読みました。

　この設立趣旨との関連で言うと，先ほど加登先生がお話しされたように，管理会計とは一体何なのかみたいな話に行きついてしまうと思います。それは伊藤先生がお話しされた，近年の管理会計の領域拡大の論点ともおそらく関係があるのだと思います。ただし，これについてはあまり深入りしすぎると，正直ややこしいことになるだろうと思っています。

　もちろん管理会計の領域や概念が定められている方がわかりやすいとは思いますが，そういったものがはっきりしてしまうと，その領域や概念みたいなものに引きずられて視野が狭くなるおそれもあるかと思います。あるいは，特定しすぎることで，その中のコアにいる人たちだけのコミュニティ思考が強くなりすぎてしまうという懸念もあると思います。そのため領域や概念を曖昧にしておくことにも意味があるだろうと感じています。

　私は主に査読に関わっていますから，財団の設立趣旨にまで立ち戻ることはなく，投稿規程（『メルコ管理会計研究』への「研究論文」投稿について）などに掲載されている投稿資格などを注視することが多いのですが，そこでは「管理会計学の発展に貢

献することを望む，研究者および実務家」の方が投稿資格を有していることになっていますので，管理会計について少しでも意識されている方が執筆された論文であれば，それがどんなものかは別にして，受け付けていいのかなと感じています。

　片岡先生が先ほど管理会計を広げていく，仲間増やしていくことが大事ではないかという話をされて，丸田先生もダイバーシティという言葉を使ってお話しされていました。私も，他の領域の研究者と話をする時，例えばマーケティングの人と話をしていると，「それは管理会計だよね」と感じることがあります。私の感覚では，量的に測って，経営上の意思決定や管理に役立てようとしていれば管理会計と言えるのではないかと，曖昧にではありますが考えています。

　周辺領域にはそのような論点，少なくとも関連するような論点はあふれています。それはファイナンスの人と話をしていても，組織行動論や戦略論の方と話していても，同じようなことを感じる機会は多いです。そういう人たちと話をしていると，もう「なんでも管理会計と言えるのではないか？」みたいに感じることがあります。悪く言うと「いい加減」ですが，よく言えば「懐が深い」と言いますか，そういうよさも管理会計にはあると思いますから，あまりこだわりすぎずに，投稿規程にあるように「管理会計学の発展に貢献することを望む」方々からならば，広く投稿を受け付けるという考え方でいいのではないかと感じています。

　ですから，管理会計の範囲については深入りしない方がいいのかなと私自身は思っています。もちろん異なる意見もあるでしょうから，これはあくまで私の意見です。思ったよりも管理会計の範囲は広いと日頃から感じていて，私自身も「何が管理会計なのか」と深く思い悩んだ時期もありましたが，あまり悩みすぎると精神衛生上よくないなと思うようになりつつあります。

澤邉●なんでもかんでも管理会計と言えるようになると，「管理会計とは何か」という問題が深刻に

なるので，コアなところとアンカリングできるようなプロセスや仕組みはあった方がいいと私自身は思っています。

読者と投稿者を意識して査読のありようを見せる必要性

澤邉●武山幸司さんは編集委員会のメンバーではありませんが，財団事務局長として，また管理会計研究者としてオブザーバー的にこの座談会に出席してもらっています。武山さんは，ここまでの議論を聞かれていかがですか。

武山幸司●これまでの議論を，事務局としての立場と個人としての立場と2つの立場で聞いて，考えていました。まず事務局の立場として，MJMARのミッションについては，皆様がおっしゃる通り，管理会計の研究成果を発表する場所の1つであることは間違いないと考えます。しかしそれ以前に，先ほど片岡先生が言われたように，若手の育成とか，管理会計にまつわる様々な研究をされている方々の自己表現の場としてのMJMARと考えた時，その裾野を広げるための1つのツールなんだろうとも思っています。

　個人的に気になるのは，「MJMARを誰が読んでいるのか」ということです。お金を払って購入いただく方も少しはおられるでしょうが，大学や研究機関等の図書館に寄贈することが圧倒的に多いと思います。そうした施設にあるMJMARを探して読もうという方々が，はたしてどれだけいるのかと考えると，なかなかそれを表立って見せているところは少ないだろうなと思ったりもします。仮に今はそういう人たちがいたとしても，例えば大学院生の絶対数が減っているという話が研究領域に関わらずあると伺っていますし，そのうち大学全入時代が来るといった話もあることを踏まえると，その中でさらに管理会計あるいは原価計算というところで大きくアピールしようと思うと，なかなか大変だろうと考えます。その意味で，やはりMJMARのミッションとしては，「管理会計っ

て魅力的なんだよ」ということをアピールできる形にするのが１つかなと思っています。

査読に関して言えば、学術誌の採択率は現在２〜３割で、「ファーストトライはほぼ通らない」という話が、まことしやかにささやかれているのをよく耳にします。そうした事前情報を聞いてしまうと、「うーん……投稿するのやめようかな」と、躊躇してしまう。「トライして査読されることで育つ、育成される」と考えるのではなく、投稿する側にすれば、「自分たちがしたいことじゃないけれど作法に従わなければならなくて、その点について厳しく取り締まられる」みたいなイメージをどうしても持ってしまうところがあるんですよね。

ですから、例えば「査読というのはこういうものだ」ということが、もっと前向きに捉えられるような事例とかシチュエーションがあると、投稿する人たちが増えるかもしれないと感じています。ダイバーシティという特性があるMJMARがそれに一役買えば、投稿しよう、あるいは研究しようと思っている人たちの自由度が上がるだろう、いい意味で楽しい投稿になるだろうと感じます。私は研究を専門としているわけではないので、こういうことを言うのもなんですが、ここ数年、事務局をさせていただいて、また自分が研究者の領域に片足を突っ込ませていただいている環境の中で、直感的にそうしたことを感じています。

澤邉● 重要なポイントですね。ミッションを考える上で、その利用者の観点も意識すべきだろうというご指摘ですが、我々は、例えばゼミ生や院生以外の読者については、あまりわかっていません。だからまったくユーザーオリエンテッドになっていない。作り手オリエンテッドにはなっていますが、読者の観点が薄いというのは、おっしゃる通りです。目から鱗でした。それをどう調べたらいいのかというぐらいわかっていないなという気がしますし、J-STAGEからダウンロードされたものについてはある程度は辿れる可能性がありますが、それ以外については実際に調べようとしても難しそうで

す。ステークホルダーの中でも最も重要である読者について、自覚的に捉えてなかったなと反省しました。採択率についてはこれまでの議論の通り、MJMARにとっては投稿を後押ししてくれるお話だったと思います。

ここまでミッションについて意見をいただいて、ある程度の共通理解が見えてきたと思います。１つは「育てる」という部分で、査読を通じて研究水準を上げるという話です。次には多様性が重要だという点です。論文執筆者が自分なりの管理会計を作っているという期待を前提として、緩やかな定義を一緒に作っていくプロセスと考えるのがいいのではないかと思います。

「研究者を育てる査読」は
いかにあるべきか

澤邉● ここからは、「査読制度を通じて研究者を育てる学術誌」というMJMARのミッションから考えて、MJMARの査読制度がどうあるべきかについてご意見を頂戴したいと思います。

伊藤● 査読は編集委員長補佐の先生方が中心にされていると承知していますが、例えば何人で査読をするのかなど細かいことがわからないので、議論する前に簡単にご説明をお願いします。

澤邉● 現在の基本的な査読プロセスとしては、まず論文が投稿された時点で、論文の形式チェックを事務局が行ない、形式を整えます。形が整った時点で、受理したということになります。受理した段階で、論文のテーマなどがMJMARの範疇に収まっているか編集委員長が確認します。管理会計とまったく関係がない論文は、この段階でデスクリジェクトされます。こういう形式を中心としたチェックの後、査読に入ります。

査読に入った時点で、編集委員長、編集委員長補佐のうち誰が担当するかを決めます。これは編集委員長が決めています。「研究領域的にこの先生にお願いせざるを得ない」という場合もありますが、基本的には、補佐の先生のご負担が同じぐ

らいになるように，バランスについては配慮しています。そうして決まった担当の先生（編集委員長補佐）が，2名の査読者を選びます。その査読者から返ってきた査読報告書が，2名ともA評価になれば掲載可能，2名ともC評価になったら掲載不可となります。ダブルC以下になるまでは基本的に，投稿者が諦めない限りは査読が続くことになります。この投稿者が諦めない限り査読が続くというのがMJMARの特徴です。

　その間に，査読者の方から，「この論文は学術的な貢献，理論的な貢献という観点からすると不十分ではあるが，事例としては面白い」とか「調査としては面白い」といった指摘を受ける場合があります。このような場合には，編集委員長と担当の編集委員長補佐の方とで相談をして，どのようなサジェスチョンを投稿者にすべきか考えます。投稿者にサジェスチョンをすべきということになれば，投稿者に「査読を続けてもいいけれども，このままでは掲載される可能性は低いと予想されるので，別の掲載方法を目指してみませんか」と伝えて判断していただきます。投稿者が「いや，もう1回チャレンジしたい」という場合は査読を継続します。査読を続けるか，別の掲載方法を目指すのかは，投稿者が判断されることになります。一連のプロセスはこのような流れになっています。

伊藤●今のお話を伺って特に気になる点としては，数も限られていますので，補佐の先生の負担が大きいと思いますね。また，同じ先生が査読をずっと続けられるということですと，いい部分もあれば，デメリットもあると思います。その点で，査読をされる先生方を増やす必要はないのでしょうか。例えば，助成を受けられた方に査読をしていただくという形で少し人数を増やしたりした方がいいのかなという気もしますが，そのあたりはお考えになっておられないですか。

澤邉●査読をしていただく先生方の候補者プールは，実績ベースで100名ぐらいおられます。編集委員長や編集委員長補佐の先生方は査読者を選ぶ立場で，査読を実際にしていただく方は別におられると思ってください。査読者の数は，編集委員長補佐の人数よりもずっと多いということになります。とはいえ，査読者を選んで終わりではなく，査読報告書に目を通して様々な判断をしていただいております。A・AとかC・Cで機械的に判断できるケースだと単純ですが，そうではない場合だと，ご自身で論文の特質を理解し評価していただくことが必要になります。そこは確かにご負担をおかけしてしまっております。

適切な査読者を選定し，割り当てる労苦

澤邉●MJMARの査読プロセスについて私が説明した内容と，伊藤先生から話があった問題意識とを照らし合わせて，課題やご意見をお願いします。

篠田●これは私に限らず，すべての補佐がそうだと思いますが，おそらく一番苦労しているのは査読者の選定です。やはり色々気を遣います。投稿者の方と同じ領域といいますか，その投稿論文を査読できるにふさわしい専門性を有する先生かどうかを意識しながら，とはいえ，あまりにも投稿者と近しい方に査読していただくのはまずいですから，そうではない方をあえて選ぶようにしています。そこが一番苦労しているところです。狭い世界なので，投稿者がどのようなバックグラウンドを持っておられる方かを加味しながら査読者を選ぶとなった時に，その範囲が狭くなりますから，その中から査読者を選択することがかなり大変なプロセスになっているという実態はあります。

澤邉●すごく丁寧に査読してくださる方と，クオリティにばらつきがある方とがおられて，我々としては丁寧に査読してくれる方がありがたいですが，そう考えると選択範囲がさらに小さくなるということかと思います。

篠田●その通りで，そのあたりのことも含めて，補佐としては査読者の選定に気を遣っています。

　また，補佐には査読の結果まではコントロール

できませんので，補佐としてはなかなか面白い論文だと思っていても，査読者の方の判断でリジェクトになってしまうケースもありますし，その逆の場合もありますね。

澤邉●査読者と編集担当者との意見が大幅に乖離することもあるわけですね。

篠田●それほど頻繁ではないですが，乖離することは当然あります。例えば「ちょっと粗っぽいけど面白いな」と補佐として感じていたにもかかわらず，査読者がそこを「粗っぽすぎますね」と否定的に捉えてリジェクトに至ることもありますし，その逆ももちろんあります。

澤邉●今の話や編集プロセス全体について，丸田先生はいかがでしょうか。

丸田●まず査読者に関しては，選ぶ際には過去の査読者リストが必ず届いて，私としてはまだお願いしたことがない人を選ぶように努力はしているので，査読者の層は，澤邉先生がおっしゃったように広がっているだろうと思います。しかし，査読者リストには名前が載っているだけなので，その方がどのような査読をされるのかはわからない状態です。過去に不誠実な査読をした人だという情報について，個々の補佐は把握していると思いますが，共有がされていない点については危惧しています。査読制度としては改善が必要だと思っていたところです。

また，編集委員長が査読に回すと判断した論文が我々に届くわけですが，その時点では少なくとも1回は査読に回さないといけないと私は受け取っています。この時点で編集長に戻すことは，制度としてはないのかなと理解していますが，査読結果が予想どおりC・Cになることもありますので，そこをどうするのかについては考えてみたいところです。その時点で編集長に戻す，査読に回して大丈夫ですかというやり取りをする必要性がないかという点は，問題意識としては持っています。

澤邉●片岡先生はいかがですか。

片岡●私も査読者にどなたを選ぶかというところ

が，一番苦労する点かもしれません。先ほど丸田先生がおっしゃった点については，色々考慮しながら進めることになります。これまでの編集委員長補佐としての経験の蓄積から，どういう先生から比較的厳しめの所見または修正に向けた建設的な所見が戻ってくるかなどのノウハウも徐々に把握・理解ができてきているところです。このことは，自分自身がどのような査読を行なうべきなのか，建設的なコメントをできるのかを考える上で大変勉強にもなっております。

また，査読者の選定，査読の割当については，少数の先生に査読が偏らないようにする，何度も同じ先生にお願いしてしまうことがないようにするという気の遣い方も大事だと思っています。

教育的効果を維持した デスクリジェクト

片岡●もう1つ，私も今まで実際に差し戻した経験はないのですが，先ほど丸田先生がおっしゃったように，デスクリジェクトされていない論文をデスクへ「差し戻し」した方が適切ではないかと悩むことがありますね。

澤邉●大事なご意見をいただきました。私もデスクリジェクトにすべきではないかと感じる時もありますが，本誌ではやはり育てる査読を標榜していますので，お手間をかけてしまいますが査読に回す判断をしています。ここはかなり悩むところです。しかし，私自身がデスクリジェクトすべきかどうか悩んでいても，補佐の先生に「悩んでいるんですが」と伝えたら，これはこれでまたバイアスをかけてしまうことになると思うので，伝えていないんですね。むしろ，補佐の先生にざっと見ていただいて，「いや，これはデスクリジェクトでしょう」という投稿については，そう言っていただいた方がいいかと思いました。

ただし，デスクリジェクトをする際にも，教育的指導をするようにはしています。大学院生の場合であれば，本来は所属している大学院の指導教

員に教えてもらうべきことだと思いながらアドバイスしています。そうするとすごく感謝されますが，ここで困るパターンは，何かあると指導教員に聞くべきことをこちらに聞きに来るようになってしまうことです。それは指導教員の先生に教えてもらってくださいと対応しています。育てるということとデスクリジェクトとが矛盾しないようにしていきたいと思っています。

　また，査読クオリティについての情報が共有されていないというご指摘は，まったくその通りなんですね。私も問題意識は持っていましたが，具体的には何もしてこなかったので，検討したいと思います。1つのアイデアは，査読の評価です。これはご負担をかけることになってしまいかねないのですが，査読結果と差配されている補佐の先生の評価とがずれた場合に，その情報を残していくというものです。ただし繊細な話なので，慎重に考えたいと思っています。

　もう1つのアイデアとしては，先ほどの話の逆ですが，年に1人，いい査読をしてくださっている方を編集委員会で選んで表彰する，「ベスト・レビューア・アワード」のような制度があってもいいかなと思っています。これについても考えていきたいと思っております。

査読に関わる情報の積極的な開示と査読システムとプロセスの透明化

澤邉●加登先生からも査読制度の現状の問題などについてご意見を頂戴できればと思います。

加登●財団のミッションからすると，世界に研究を発信するという意味で潜在的な投稿者予備軍として頭に入れておいた方がいいのは，ビジネススクールに学ぶ実務家です。多くの大学にビジネススクールがあり，実務家の方々がたくさん学んでおられます[3]。また，ビジネススクールではない大

学院で管理会計を学ぶ社会人も数多い。かれらが学位を取得するために執筆する専門職学位論文や，それに準ずる論文，あるいは修士課程のあるところでは修士論文を書いておられるわけで，それらの論文をベースとした学術論文を査読付き雑誌に投稿してもらうことに，私たちはもう少し熱心になってもいいのではないかと思います。管理会計の有用性回復にも寄与がある。

　神戸大学に在籍していた時，私はその手の取り組みをしていなかったんですね。というのは，ゼミ生の数が15〜20人ぐらいいたので，修了されてからの学会報告や査読論文投稿のお手伝いまで指導できなかった。一方，同志社ビジネススクールは5人が上限なんです。割ときめ細やかな研究指導，教育ができるので，同志社ビジネススクールに移籍して今12年目ですが，査読付き雑誌に論文を掲載できた社会人がのべ9名います。彼らは潜在的な投稿者として重要なポピュレーションを形成していますので，そこを考えたらいいと思います。

　ただし実務家の方々も，「査読論文として広く世の中に出したいけど，掲載されるのかな」とか「怖い」とか様々な先入観があって，「投稿してもリジェクトされるに決まっている」と思っておられたりする。まずはそうした先入観を払拭する必要があります。査読制度自体について広く知っていただくきめ細やかな説明と指導を行なうことで，参入バリアが少し下がるのではないかと思います。

　また，査読に関する周辺情報が投稿される方々に早く伝わるような工夫があってもよいと思います。今回の調査研究にあたって，査読制度が比較的よくできている学会を探したんですね。幅広く探した結果，例えばヒューマンインタフェース学会[4]の試みはとても参考になると思いました。1つは，査読にかかっている論文が現在どの段階にあるのか，つまり査読の進捗状況がホームページ

---

[3] 2022年5月段階で，経営系専門職大学院は32大学に存在し，その定員合計数は3,069名である。加えて，慶應義塾大学，名古屋商科大学，国際大学のように一般大学院課程で実務家の教育を行っているところもある。

[4] ヒューマンインタフェース学会Webサイト〈https://jp.his.gr.jp/〉参照。

上で公開されています❺。投稿者は，自分たちだけが知っている投稿ID（投稿した論文の整理番号）で，投稿論文が査読のどの段階（査読者割当中，査読中，著者照会中，再査読中，査読結果審議中，完了など）にあるかがわかるのです。また，誰でも投稿中の論文が何本かもわかるし，投稿してからの経過日数もわかる。これはいい仕組みです。年度ごとの採択率も掲載されています。査読に関しては，可能な限り情報の開示をした方がよいでしょう。

　もう1つしないといけないことは，査読者の質の向上です。学会のレベル向上を目指すには，「査読は研究者の義務であること」，そして「査読は投稿された論文をより優れた論文とするためのサポートをする業務であること」を，査読者が認識していないといけないでしょう。

　私もこれまで数多くのレフリーの皆さんから査読をしていただきました。その大部分が，とても好印象でした。査読を受けることで論文が見違えるほどよくなった経験を何度もしています。ですから自分がレフリーになった時には，これらの優れた査読者に一歩でも近づくようにしてきました。査読は，投稿された原稿をよいものにするために行なうものであって，重箱の隅をつつくような批判に終始したり，不受理とするために行なうものではない。ただし，だめな査読者がいることも事実です。査読者のレベル向上のためには，先ほど話が出た「ベスト・レビューア・アワード」といった形で顕彰する制度を検討してもいいと思います。また，査読者セミナーの開催などを通じて，査読レベルの向上に取り組むことが必要だと思います。

　加えてもう1つ提案したいことは，査読プロセスの透明化です。査読のプロセスの詳細は投稿者と査読者と雑誌の編集委員しか知りえない。投稿経験がない方や何度投稿してもリジェクトされるという方も，少なからずおられるでしょう。そういう方々には，どのような論文が受理されるのか，なぜリジェクトされるのかを知ってもらった方が

いいと思うのです。そのためには，査読者と投稿者の両方の了解が必要ですが，査読プロセスの一部始終をオープンにし，それを教材にして，実際の査読プロセスを追体験していただくといいと思います。場合によってはオリジナルの論文も見ていただけば，査読プロセスでどう変わっていったのか，査読者のコメントに対して投稿者がどのようにリプライされたのかを教材から学べるのではないでしょうか。先ほど澤邉先生が言われたように，論文作成指導はゼミの指導教員の責任です。査読付き雑誌に多数の論文を掲載されている経験豊かな先生は，ゼミ生の論文を見て，どこをどうしたらいいのかを査読者に代わって伝えることができると思います。

　最後に再度強調します。投稿したいという方々は，若手の研究者に加えて実務家の方々の中にもたくさんおられるので，そこは大事にした方がいい。特にMJMARの場合は，実務家で研究をしたいという人たちに積極的に声がけをして投稿してもらい，実務に関連する論文を幅広く取り上げていただければと思います。

澤邉●査読者についての情報の共有や「ベスト・レビューア・アワード」については，編集委員長として検討したいと思います。また，査読のあり方について，さらには査読制度の倫理的な問題についても議論する必要を感じておりますので，それについては再度，別の機会を設けたいと思います。本日はありがとうございました。

---

❺ヒューマンインタフェース学会Webサイト「論文査読状況」〈https://jp.his.gr.jp/journals/review-status/〉参照。

── 財団法人メルコ学術振興財団（現 公益財団法人牧誠財団）設立趣意 ──

日本企業はこれまで優れた経営者に率いられて、グローバル市場において外国企業を圧倒する競争優位性を獲得してきた。とはいえ、いくら優れた経営者であっても、すべての経営領域を担当することは困難であり、また経営者も生きた人間である限り、永久に経営を担当できる訳でもない。やがて世代交代を迫られる。ここに経営者個人の経験や知恵やカンに頼った経営ではなく、それらにあまり依存せずに合理的な経営を可能にする管理システムがこれまで以上に必要となる。合理的な経営に必要な会計情報を提供する管理会計は、そうした管理システムの中核を担っているのである。

日本における管理会計学の研究は、これまでアメリカ管理会計学をより深く理解し、多くの教育機会を通じてそれを日本企業へ普及するというキャッチアップ戦略をとってきた。実際、優れた日本企業では、ほとんど例外なく優れた管理会計実務が展開されており、独自の管理会計技法を開発した企業も少なくない。しかしながら、管理会計学のすべての分野においてほぼキャッチアップが終了した現時点において、日本の管理会計学研究が目指すべき方向は日本独自の理論を提唱するという目標へ向けて研究戦略を転換することであろう。

もちろんアメリカなど海外の最先端研究に今後もなお十分配慮することは必要であるが、より重要なことは、日本の管理会計学の研究対象を日本企業の管理会計実務に移すことである。そこはまさに解決すべき管理会計問題が頻発する会計最前線である。多くの管理会計研究者がそれと対峙して、管理会計研究を積極的に展開するならば、疑いもなく、やがて日本から世界に向けて独自の管理会計理論が多数提唱されることになるだろう。

株式会社メルコホールディングスは、牧誠社長による創業以来、パソコン関連機器の開発・製造・販売に関わるベンチャー企業として大きく成長してきたが、限られた人的資源、設備機器、資金を有効に利用し、合理的な経営を実践するために管理会計を重用してきた。ベンチャー企業のみならず、広くいかなる企業であっても、管理会計は有用かつ重要であると思われる。

かかる管理会計研究の現状とその重要性に鑑みて、株式会社メルコホールディングスは創業30周年を記念する社会貢献事業として、財団法人メルコ学術振興財団を設立することとした。当財団は、日本企業で実践されている管理会計実務（特に管理会計技法、管理会計システム、事業継承システム、それに関連する管理システム）を研究対象とし、その理論化を目指す研究に対する助成等を通じて、管理会計学の発展と普及、更にはわが国の学術及び文化の向上発展に寄与することを目的とする。

公益財団法人牧誠財団セミナー記録

澤邉 紀生

　2022年10月から2023年5月までに開催された牧誠財団主催のセミナーは下記の通りである。各セミナーの内容については，それぞれの開催報告書をご覧頂きたい。

　京都大学・ブリストル大学 定性研究のためのワークショップ
　日　時：2022年3月30日（木）13時～18時45分
　　　　　3月31日（金）13時～19時00分
　形　式：京都大学東京オフィス及びZoomによるハイブリッド開催

講演1　井上 慶太 氏（東京経済大学経営学部准教授）
　　　　尻無濱 芳崇 氏（神奈川大学経営学部准教授）
　　　　藤野 雅史 氏（日本大学経済学部教授）
　　　“Community initiatives and legitimacy:
　　　　 A case of transportation service development for older adults”
講演2　Gary (Guanlin) Wang 氏（Bristol大学Business School博士課程）
　　　“Gamification Design and Control in an online-learning company”
講演3　Zhi Wang 氏（明治大学商学部准教授）
　　　“Analysis of key factors affecting the contribution of a short lead time to a higher price:
　　　　 Case study on two companies”
講演4　松木 智子 氏（帝塚山大学経済経営学部教授）
　　　　Chris Akroyd 氏（Canterbury大学Accounting and Information Systems学部教授）
　　　　島 吉伸 氏（近畿大学経営学部教授）
　　　“Cultural capital and management control system stability and change in the
　　　　 subsidiary of a multinational enterprise”
講演5　Chinyere Uche 氏（Bristol大学Business School准教授）
　　　“Framing modern slavery as an accounting problem”
講演6　Chris Chapman 氏（Bristol大学Business School教授）
　　　　澤邉 紀生 氏（京都大学大学院経済学研究科教授）
　　　　木村 麻子 氏（関西大学商学部教授）
　　　　セルメス鈴木 寛之 氏（京都大学大学院経済学研究科講師）
　　　“Pursuing serendipity in the governance of academic performance and participation
　　　　 in the field”

京都大学・ブリストル大学
定性研究のためのワークショップ概要

2023年4月3日

平田 宏文（京都大学）／セルメス鈴木 寛之（京都大学）／木村 麻子（関西大学）

京都大学・ブリストル大学 第6回定性研究のためのワークショップ
日 時：2023年3月30日（木）　13時〜18時45分
　　　　　3月31日（金）　13時〜19時00分
形 式：京都大学東京オフィス及びZoomによるハイブリッド開催

講演1　井上 慶太 氏（東京経済大学経営学部准教授）
　　　　尻無濱 芳崇 氏（神奈川大学経営学部准教授）
　　　　藤野 雅史 氏（日本大学経済学部教授）
　　　"Community initiatives and legitimacy:
　　　　A case of transportation service development for older adults"

講演2　Gary (Guanlin) Wang 氏（Bristol大学Business School博士課程）
　　　"Gamification Design and Control in an online-learning company"

講演3　Zhi Wang 氏（明治大学商学部准教授）
　　　"Analysis of key factors affecting the contribution of a short lead time to a higher price:
　　　　Case study on two companies"

講演4　松木 智子 氏（帝塚山大学経済経営学部教授）
　　　　Chris Akroyd 氏（Canterbury大学Accounting and Information Systems学部教授）
　　　　島 吉伸 氏（近畿大学経営学部教授）
　　　"Cultural capital and management control system stability and change in the subsidiary of
　　　　a multinational enterprise"

講演5　Chinyere Uche 氏（Bristol大学Business School准教授）
　　　"Framing modern slavery as an accounting problem"

講演6　Chris Chapman 氏（Bristol大学Business School学部教授）
　　　　澤邉 紀生 氏（京都大学大学院経済学研究科教授）
　　　　木村 麻子 氏（関西大学商学部教授）
　　　　セルメス鈴木 寛之 氏（京都大学大学院経済学研究科講師）
　　　"Pursuing serendipity in the governance of academic performance and participation
　　　　in the field"

　2023年3月30日と31日の2日間にわたり，京都大学経営管理大学院及びブリストル大学と「定性研究のためのワークショップ」を共催した。本ワークショップは，国際的な場での管理会計分野における定性研究の水準を向上させることを目的として定期的に開催しており，第6回目となる今回はCOVID−19の状況を踏まえ，京都大学東京オフィスでの現地開催をオンラインでつなぐハイブリッド形式での開催となった。今回はブリストル大学教授のChris Chapman氏を京都大学東京オフィスに迎え，各講演の最中のみならず前後の時間においても現地参加者と対面での闊達な意見交換を行った。ワークショップでは，6組の日英の研究者が現在取り組んでいる英語論文についての報告・討議を行なった。うち1報告はブリストル大学ビジネススクールの博士課程に在籍する大学院生によるものであり，前回のワークショップから引き続いての取り組みであった。

　ハイブリッド形式での開催にあたり，報告資料及び報告者による動画を事前に共有し，参加者は視聴のうえで当日参加することとした。当日は，報告者による10分程度の追加説明の後，35分間の質疑応答を行った。ワークショップには，報告者のほか日英の若手研究者が参加し，非常に活発な討議が行われた。

　第1講演は，井上慶太氏らのグループによる "Community initiatives and legitimacy: A case of transportation service development for older adults" であった。本講演は，国際ジャーナルに投稿された論文をベースとしており，査読者コメントを踏まえた再校正の内容が報告された。具体的には，山形市における高齢者向けコミュニティ交通プロジェクトにおける住民参加 (community initiative) のケースを検証し，参加型実践 (participatory practice) を通じてプロジェクトの正当性 (legitimacy) の欠如が解消されていったことを指摘した。

　第2講演は，Gary (Guanlin) Wang氏による "Gamification Design and Control in an online-learning company" であった。本講演では，自己決定理論 (self-determination theory) に基づき，オンライン学習サイトのコンテンツのゲーム化 (gamification) によって，同サイトを利用する学習者の内発的動機付けと外発的動機付けの関係がどのように変化しうるかが検討された。また，執筆中の博士論文の章の一つが報告のベースとなっており，自己決定理論以外にも複数の分析視角候補が提示され，続く討議への呼び水とされた。

　第3講演は，Zhi Wang氏による "Analysis of key factors affecting the contribution of a short lead time to a higher price: Case study on two companies" であった。本講演では，企業によるリードタイムの短縮努力がどのような経営環境において販売価格の上昇につながるのかについて問題提起された。リードタイム短縮を販売価格の上昇につなげたモデル企業とそうでないモデル企業の比較分析を通じ，価格引上げ阻害要因のうち，市場規模や市場占有率などの外部要因は，企業規模や立地などの内部要因と比べて企業による対応が難しいと指摘された。

　第4講演は，松木智子氏らのグループによる "Cultural capital and management control system stability and change in the subsidiary of a multinational enterprise" であった。本講演も国際ジャーナルに投稿された論文をベースとしており，査読者のコメントを受けた論文の修正点も踏まえつつ，日系多国籍企業の米国子会社のケースを対象としたマネジメント・コントロール・システム (MCS) パッケージの変化について，文化コントロールに着目した分析が報告された。当初は日本人駐在員を対象として本国と同様のMCSパッケージが活用されていたが，現地出身管理職の採用を契機にMCSパッケージを変化させた背景に，日本人駐在員が保有する文化資本が関わっていることが指摘された。

　第5講演は，Chinyere Uche 氏による "Framing modern slavery as an accounting problem" であった。本講演では，Global south と呼ばれる発展途上国における現代的奴隷問題（modern slavery）に対する会計の役割が論じられた。ナイジェリアやリビアの事例を用い，家事代行業や風俗店の従業員が雇用主に隷属する関係や，保釈斡旋業者の保釈金肩代わりにより刑務所を仮釈放された服役囚が身元引き受け先である小規模事業者に隷属する関係を現代的奴隷問題と捉え，これらの現場において会計が現代的奴隷問題を助長している側面が指摘されるとともに，会計研究においてこれらの側面が理解されることが問題解決の糸口となり得ると主張された。

　第6講演は，Chris Chapman 氏らのグループによる "Pursuing serendipity in the governance of academic performance and participation in the field" であった。本講演も国際ジャーナルに投稿中の論文に関するものであり，前回ワークショップでも報告があった。そのため，今回の講演では前回からのアップデートを中心とした報告がなされた。具体的には，学術研究の業績管理の仕組みや研究倫理審査の仕組み構築など，近年の研究ガバナンス強化の動きが，研究の質の向上・低下にどのように影響しうるかについて検討した論文について，セレンディピティの概念に対する査読コメントを踏まえ，セレンディピティが生み出す成果の多様性のみに着目した当初の分析枠組に，セレンディピティの促進剤（facilitators）となり得る状況・コンテクストの視角を加えることで，論文中で提示されている事例がどのように再解釈されるかが紹介された。

　なお，本ワークショップでも，過去の開催回と同様，最終日の最終報告後に，これまでの取り組みを振り返り，また次回以降の開催のあり方について検討するため，今後のワークショッ

プの運営について参加者全員で議論を行なった。今回は主催国である日本側のスケジュールを優先した結果，英国側は開始時間が早朝であったことについてブリストル大学側からは若干の不便さが指摘されたものの，前回と同様に対面・オンラインのどちらも非常に活発な質疑応答と議論ができたことを評価した。その上で，COVID–19に関する日本側の制約が完全に撤廃されることが予想される次回は対面方式を核としつつ，オンライン参加の可能性も残すという認識が共有された。また，各報告について事前に動画と報告資料を共有するという方式の有効性が再確認された反面，これら事前共有物の共有時期についての改善提案がなされた。最後に，次回の英国での開催方法や開催時期について協議がなされた。

『メルコ管理会計研究』投稿論文執筆要領

メルコ管理会計研究編集委員会

1. 原稿の言語　日本語とする。
2. 原稿の種類　原稿は「表紙」と「論文」の2種類を作成する。

　　　　　「表紙」の1頁目には，論題，氏名，所属，要旨，キーワード（5項目以内），投稿者連絡先（連絡先住所・電話番号・ファックス番号・電子メールアドレス）を，「表紙」2頁目には，英文論題，英文氏名，英文所属，英文要旨，キーワード（5項目以内）、謝辞、付記をこの順で記載すること。共同論文の場合は，代表者の連絡先を記すこと。謝辞は論文の執筆に必要な情報提供者や共著者以外の研究協力者等への謝辞を、付記は公益財団法人牧誠財団の助成情報や科学研究費助成情報等を記載すること。

　　　　　「論文」には，論題，要旨，キーワード，本文（図・表を含む），注，参考文献を含めることとする。必要な場合には，補遺を含めることができる。ただし，謝辞は記載しないこと。また「論文」では，執筆者が特定できるような表現を避けるよう十分配慮すること。

3. 原稿の書式と頁数

　(1) 応募原稿は，ワープロ(Microsoft Word が望ましい)による横書きで，A4版用紙に1頁41文字×33行=1353文字を基準とする。原稿の刷り上がり頁数は，原則として，「表紙」は2頁，「論文」は11頁を上限とする。ただし編集委員会が妥当と認めた場合には，制限頁数を超えることができる。

　(2) 原則として原稿の印字ポイントは下記のとおりとする。英文については Times New Roman フォントによる英字入力とする。

〈「表紙」「論文」の様式〉

区分	サイズ/フォント	配置等
主題(タイトル)	14ポイント/明朝	センタリング
副題(サブタイトル)	10ポイント/明朝	センタリングし，前後―で囲む
執筆者	9ポイント/明朝	右寄せ
所属	9ポイント/明朝	右寄せ
要旨・キーワード	8ポイント/明朝	左寄せ
本文	9ポイント/明朝	左寄せ
節	10ポイント/ゴシック	センタリング
項(節内の小見出し)	9ポイント/ゴシック	左寄せ
参考文献	8ポイント/明朝	左寄せ
注	7ポイント/明朝	左寄せ

*節・項の区切りの部分では1行スペースを入れること。

4. 基本構成節・項は，下記のように付番する(ローマ数字の使用や，数字のない筋立ては避ける)。

 (例) 4 ―

   4.1 ―

    4.1.1 ―

     4.1.1.1 ―

5. 文章表記

 (1)横書き，新かなづかい，当用漢字，新字体使用を原別とする。

 (2)本文の句読点は，原則として，句点 (。)と読点(，)を使用する。

 (3)和文の引用には「　」を使用する。

6. (1) 注記は内容に関する注のみとし，引用箇所の表示は本文注の著者名，発表年と頁を丸カッコ ( ) で囲んで入れる。複数ある場合は，；で区切る。

  (例) 「・・・」という見解もある(佐藤 1997, 36)。

    ・・・と解釈されている(鈴木 2000, 54-58; 田中 2001, 127)。

    秋元(2000, 163-167)によると，・・・

 (2) 注番号は右肩に記入する。

  (例) ・・・である [1]。

 (3) 注記は，注番号の付された頁の下部に脚注として記載する。

 (4) 原典からの引用が望ましいが，やむを得ず訳書から引用する場合は，原著者名，原著発表年，邦訳頁を丸カッコに囲んで入れる。

  (例) ・・・が指摘されている (Lev 1991, 邦訳 28)。

7. 図・表の作成

 (1) 図・表は，それぞれ上部に通し番号とタイトルを付けて本文中にそのまま入力・配置する。

  (例) 図 1. タイトル表　　表 1. タイトル

 (2) 引用した場合は，その出所を図表の下に明記する。

8. 参考文献・参考 URL

 参考文献・参考 URL は，原則として以下の表記に従うこと。

 (1) 参考文献(通常の出版物，雑誌論文)の一覧は，論文の最後に，和文献(著者氏名の五十音順)，洋文献(ファミリーネームのアルファベット順)の順に記載する(注を使った文献表示は避ける。ただし統計報告書・新聞・政府文書等この限りではない)。

 (2) 書物名・雑誌名は，和文の場合は，『　』，欧文ではイタリックとする。

 (3) 論文名は，和文の場合は「　」で囲む。

 (4) 文献は次の順序で表記する。詳細は下記の例示を参照すること。

  単行本：著書(編者)名，発行年，書物名(副題とも)・版，発行所。

論文：著者名，発行年，論文名，収録書物の著者(編者)名，収録書物名(または雑誌名)，巻数，号数，頁数。

(例)

上總康行．1993．『管理会計論』新世社．

上總康行．2003a．「管理会計実務の日本的特徴―銀行借入と投資経済計算を中心に―」『経理研究所紀要』(東北学院大学)11：1‐22．

上總康行．2003b．「資本コストを考慮した回収期間法―割引回収期間法と割増回収期間法―」『管理会計学』12(1)：41‐52．

上總康行・澤邉紀生．2006．「次世代管理会計のフレームワーク」上總康行・澤邉紀生編著．『次世代管理会計の構想』中央経済社：1‐37．

Anthony, R. N. and V. Govindarajan. 2001. *Management Control Systems. 10th ed.*, New York: McGraw-Hill.

Kaplan, R. S. and D. P. Norton. 1996. *The Balanced Scorecard: Translating Strategy into Action*. Boston. Massachusetts: Harvard Business School Press. (吉川武男訳．1997．『バランス・スコアカード―新しい経営指標による企業変革―』生産性出版)

Lowe, T. and T. Puxty. 1989. The Problems of a Paradigm: A Critique of the Prevailing Orthodoxy in Management Control. W. F. Chua, T. Lowe and T. Puxty (eds.). *Critical Perspectives in Management Control*. London: Macmillan: 9‐26.

Simons, R. 1990. The Role of Management Control Systems in Creating Competitive Advantage: New Perspectives. *Accounting, Organizations and Society* 15(1/2): 127‐143.

(5) 参考 URL は，参考文献に続けて，アルファベット順のリストの形で記載する

なお，記述スタイルの統一を図るため，文書，かなづかいなどについて，編集委員が修正することがある。また，仕上がりの改善を図るため，図表についてオリジナルデータ(Word ファイルに配置する前の Excel のグラフデータや写真の JPG データなど)の提供をお願いすることがある。

編集後記

　メルコ管理会計研究第14号−Ⅱをお届けします。本号には，研究論文3本に加えて査読制度についての座談会記録を収録しています。メルコ管理会計研究に，査読制度についての座談会録を掲載するのは，13号−Ⅰに続いての2回目となります。査読に対するメルコ管理会計研究編集委員会の考え方を理解していただく上で，踏み込んだ内容になっていますので，参考にしていただければ幸いです。査読者の先生方には大変ご協力いただきました。編集委員会のみなさまに査読を担当いただいた編集委員長補佐や査読者の先生方のご協力に御礼申し上げます。

　2023年7月25日

澤　邉　紀　生